僕が宇宙の仲間に聞いたこと

Nakamura Shota
中村咲太

KADOKAWA

新しい生き方に
シフトするポイントは
「あなたの内なる宇宙」
から聞こえる
キラキラ光る宝物を
キャッチできるかどうか

あなたにとっての
最高の宝物を
これから一緒に
探しにいきませんか

はじめに　――新しい冒険の始まり――

誰でも宇宙の仲間とつながれる

この本を手に取ってくださり、ありがとうございます。

僕はふだん、「『宇宙そのものの自分』として、地球を生きる」ということをテーマに、YouTubeやワークショップなどでお話をさせていただいています。

頭・体・心という小さな自分の周りには、じつは、目には見えない「宇宙そのものの自分」が広がっています。宇宙そのものの自分は、無限の可能性にあふれ、いつも自由で純粋です。

そんな自分を思い出してみたい、そんな自分で生きることに惹かれる、というかたに向けて、僕自身も心から楽しみながら、活動させていただいています。

突然ですが、あなたに一つ質問をさせてください。

「宇宙ってどこにあると思う？」

そういわれたら、これまでの時代は、多くの人は空を指さしたことでしょう。

でもね……。じつは、僕がこれからお伝えするのは、空にある宇宙のお話ではありません。

僕が話す宇宙とは、僕たち一人ひとりの内側にあるもの。**「宇宙と話す」「宇宙人と話す」とは、あなたの内側にある、あなたの宇**

宙と話すこと。宇宙につながって生きるとは、内なる宇宙そのものとして生きることです。

あなたの中には、宇宙という無限の可能性がある。これからのあなたは、地球でそれを存分に使って、ワクワク生きることを選べる。それには、「宇宙そのものの自分」を理解していくことが大切です。

こういったお話が初めてのかたは、「え？　なんのこと？」って戸惑うかもしれません。

でも、頭で理解できなくても大丈夫。あなたがこの本に惹かれていたり、興味があると感じたりしているなら、その感覚を信頼して、子どものような好奇心のまま、読み進めてください。

僕はチャネリングという方法を使って、いろんな宇宙の仲間たちとお話をしています。ときには神さまと。また別の機会では天使やマスターと呼ばれる存在たちと。彼らと周波数のチャンネルを合わせて、意思疎通するんです。

チャネリングをするとき、僕の場合は、宇宙空間に素敵なアンティークのソファーやテーブルが置かれた「宇宙カフェ」にいるような、心地いいビジョンが浮かぶことがあります。

その宇宙カフェがあるのも、僕の外側ではなく内側です。

誰の内側にもその人にとっての素敵な宇宙があって、そこには大切な仲間たちがいます。その宇宙の仲間たちは、あなたの中に存在しているのですから、あなたの側面の一部でもあります。

この本で僕が表現したいのは、「**宇宙そのものの自分を思い出し、宇宙そのものとして地球で生きる**」という壮大なテーマです。

目醒《めざ》めていく地球人が急増中

いま、地球がとても大きな転換期を迎えているのを知っているでしょうか。

意識や波動の段階を「次元」という単位で表すことがありますが、これまで3次元といわれてきたこの星は、5次元というさらに自由な領域へのアセンション（次元上昇）の真っ最中です。

僕がチャネリングで聞いたところによると、現在の地球の次元は3・8〜4・2次元くらいを行き来していて、ここからさらに上昇し続けます。

具体的な流れをお伝えすると、2026年頃までの間は、社会や意識の変化変容のきっかけとして、いままであったものがなくなったり、誰も想像していなかったような現象が多く起こったりする予定です。それによって人類は、新しいことを試したり、一度立ち止まって軌道修正したりすることになります。

２０２６年から２０３２年頃は、いまの地球で問題とされている多くのことが、前向きな方向に変わり始める予定。

２０３３年を超えると、地球は高い波動を安定させることになります。

そうして２０３８年から２０４０年頃には、「地球は本当に生まれ変わったんだな」と明らかにわかるでしょう。この頃の地球は、いまは想像できないほど、新しい星になっています。

ですからそれまでの間は、**あなたの身の回り、あるいは社会レベル、世界レベルで大きなことがあったとしても、驚かないでくださいね。すべて、自由で心地いい未来に向かうきっかけだと覚えておいてください。**

地球の変化と、僕たち地球人の変化は連動していますから、この流れの中で、地球人も大きく成長します。

これまで僕たち地球人は、自分が「宇宙そのものである」という本質を忘れて、いわば「眠った状態」で生きてきました。本来の自分の光の側面がわかっていないから、自分に自信が持てなかったり、「やれない、できない」と感じたりする場面をたくさん経験してきました。

でも本当は、僕たちは宇宙そのもので、無限の可能性そのもの。**無限の可能性を再び思い出すことを、僕は「目醒め」と呼んでいます。**

目醒めた意識へ向かい始める人、いい換えれば、本格的に宇宙そのものの高い波動に戻っていく人は、地球では数年前から増えつつあって、今後ますます地球人の目醒めは加速していきます。

「私はまだ目醒めていない気がする」と思った人も、不安になったり焦ったりする必要はありません。なぜならば目醒めには終わりがないからです。「私は目醒めきりました。目醒めは完了してます」という状態の人は、宇宙には一人も存在しません。神さまたちだって、まだ目醒めのプロセスの途中です。

人類から見たら「波動が高いなあ」と感じる存在でも、彼らは彼らで、そこからさらに波動を上げていくチャレンジをしています。僕たちと同じです。

また、「目醒め」という言葉を聞くのが遅かった人は、目醒め遅れているのかというと、けっしてそんなことはありません。そういった人たちも、自分では気づいていなくても、目醒めていくための最善な準備をちゃんと行ってきました。スピリチュアルな学びをしていない人の中にも、目醒めに向かっている人はたくさんいます。

目醒めのプロセスはとてもシンプルです。

無限の可能性を持つあなたには、もともと、できないことがなに一つありませんでした。それで、「やれない、できない」という経験を敢えて楽しむため、「制限」の周波数を地球からたくさんレンタルして、自分の無限性にブレーキをかけました。その周波数を外すだけで、あなたは無限の可能性を思い出していきます（具体的な外し方は、第3章で詳しくご紹介します）。

宇宙は、あなたへのサポートを惜しまない

目醒めていくあなたは、いまのあなたの想像をはるかに超越したあなたです。もしかするとこれまでのあなたは、お金の悩み、人間関係の不和、仕事のトラブル、病気や老いへの不安……こうした問題は「あってあたりまえ」と思っていたかもしれません。

でも「やれない、できない」を手放して目醒めていくと、いつの間にか、こうした問題とは無縁の次元に抜けていきます。自由で、軽やかで、心地よくて、自然体で、あなたが本当に望むとおりに生きるようになります。

目醒めていくとは、「自分という存在を最高に楽しむ」こととも いえます。それって、ものすごくワクワクしませんか？

宇宙の仲間たちは、高次な存在ではありますが、あなたの側面の一つです。彼らと一つになって、最高の人生をデザインし始める絶好のタイミングを、いま僕たちは迎えています。

「私にもできるの？」

もちろん！　だからこそ、あなたはこの本に出合ったんですよ！

僕はいまでこそ、このような本を書いていますが、数年前まではすごく眠った意識で、挫折ばかりの人生を過ごしていました。

だけどいまは本当に、自分として地球に生まれたことに感謝し、この人生を満喫しています。内なる宇宙こそが、本当の自分なんだと、どんどん思い出しているからです。


「僕には、いまよりもっと雄大で自由で純粋な姿があるんだ♪」


そう認めたら、たくさんの希望が湧いてきました。それはけっして、僕が特別だからできたことではありません。

僕だけが特別なのではなく、あなたも宇宙そのもので、みんなスペシャルな存在です！

あなたが「宇宙そのものとして生きよう」と決めたのならば、内なる宇宙はそれを最大にサポートします。

僕が内なる宇宙の仲間たちに聞いたお話を、この本ではたくさんシェアさせていただきます。

さあ、新しい冒険の始まりだよ！

中村咲太

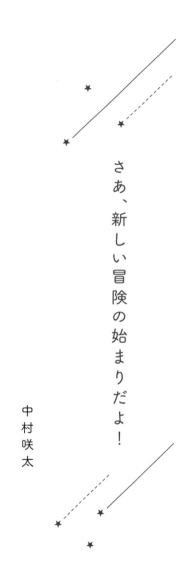

CONTENTS

第2章 これからの地球での自分だけの「目醒め」のプロセスの進み方

第3章 宇宙の仲間と共同創造した目醒めのワークと三つのチャネリング

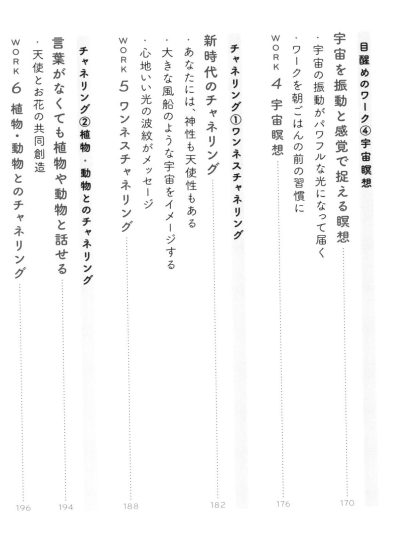

ブックデザイン　喜來詩織（エントツ）
イラスト　坂本彩
写真（著者近影）　小林ゆうみ
ＤＴＰ　サカナステュディオ
校正　東京出版サービスセンター
編集協力　林美穂
編集　伊藤頌子（ＫＡＤＯＫＡＷＡ）

第 1 章

僕が宇宙の仲間に聞いた
宇宙、地球、
地球人の関係性と
僕らの本質

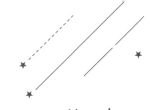

宇宙には僕らをサポートする仲間がいる

地球の波動が上がると、宇宙の波動も上がる

いま地球は、「アセンション」という大成長期を迎えています。
アセンションにはさまざまな解釈があるけれど、シンプルに表現するなら、「地球全体の波動が上がること」＝「**一人ひとりが本来の自分で生きるのが自然な星になること**」だと僕は捉えています。

地球の波動が上がれば、トータルとして宇宙全体の波動も上がります。すると、宇宙というフィールドが、新しいステージへと進化していきます。

地球のアセンションは始まったばかりで、これからが本番。特に3次元から5次元へと一気に二段階ジャンプするアセンションはめずらしい現象のため、ほかの惑星の仲間たちにとっても、神さまや天使やマスターといった存在たちにとっても、宇宙じゅうが興味津々の大イベントです。

アセンションとは、いわば、宇宙のみんなで波動を上昇させていくフェスティバルです。

もちろん、本来の自分の可能性を思い出したり、魂が望む生き方に変わっていったりするのは、ほかでもないあなた自身のため。

でも、それだけのイベントではないんです。宇宙の存在たちと一つになって「共同創造」しながら目醒めていくと、結果的に、宇宙全体が大変容する。あなたはいま、まさに地球の大変革期どころか、宇宙の大変革期の中にいるんです。

そういう規模でアセンションを捉えられると、いっそうワクワクが高まるかもしれません。


地球のアセンションというイベントを通して、あなたも僕も含め、宇宙に存在するみんながそれぞれ次のステージへとシフトします。それを地球人である僕たちは、地球で、肉体を使って、リアルに体験することになります。

・・・人間も神さまも宇宙人も、故郷は同じ

ところで、「宇宙の存在たちが『仲間』だなんて、本当に？」と、そう思っているかたもいるかもしれませんね。

僕が仲間たちに聞いた情報を、お話ししていきます。

宇宙には、「源《みなもと》（創造主）」という領域があります。源は、すべての存在にとっての生まれ故郷です。あなたにとっても僕にとっても、地球以外の場所にいる仲間たちにとっても。

源は、自分の一部を分離して、「あなたは星になってね」「あなたは神さまになってね」「あなたは天使になってね」「あなたは人型の生き物になってね」「あなたは植物になってね」……と、たくさんの存在を創りました。

だから、地球人も神さまも宇宙人もみんな、出身は同じ。みんな源から生まれています。

宇宙の仲間たちは、仲間どころか、兄弟のような存在なんです（だから僕は仲間たちのことを、宇宙ファミリーと呼んだりもします）。

「なんで源は分離をしたかったの？」と思うかもしれませんね。それは源自身が、源とはどんな存在なのか、もっとよく知りたかったからです。

たとえば、「あなたって、話すのがとても上手ね」「あなたは気遣いができる人ね」というふうに、誰かあなた以外の人から、自分の長所について教えられたことはありませんか。誰かにいわれて初めて、僕たちは、自分の素敵な一面に気づけることがあります。

源もそんなふうに、分離して分身を生み出すことで、さまざまな側面に気づきたかったんです。

無数の存在に分離した源は、自分自身のことを深く立体的に知るようになり、しかも分離する前よりもいろいろな体験ができるようになりました。

たとえば、お互いの才能を活かして協力したり、同じ目標に向かうチームとなったりする。そんな経験は、一人ではなく、分離することで始まった体験です。

眠りの時代の地球では、たくさんの争いもありましたが、それも複数の人がいるからこそできたんです。

このような分離を、極限まで経験できたのが、僕たち地球人。いま、多くの地球人は、シンプルにいうと、「分離の体験はもうじゅうぶんにやってきました。だからそろそろ源へと戻っていこう」という流れに入っています。

あなたも、宇宙の存在たちも、もとはみんな同じ源から生まれた一つの意識でした。その本来の意識に戻ろうとしている流れに、地球も本格的に参加し始めています。

そうしてこの地球でも、宇宙そのもののワンネスな自分に戻っていく人、つまり目醒める人が増えているというわけです。

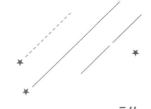

誰でも宇宙の仲間と一つになれる

内なる宇宙とのコネクトを強くするカギ

ここまで話してきた「内なる宇宙」は、「宇宙意識」や「ハイヤーセルフ」と呼ばれることもあります。ハイヤーとは、あなたの中にある、本来の純粋な意識のことを指しています。

おさらいになりますが、あなたの内なる宇宙には、神さまや天使などのさまざまな意識やエネルギーが存在しています。

そして内なる宇宙の仲間たちは、あなたの宇宙意識を通じて、インスピレーションや直感、ひらめきなどといったさまざまな形で、地球で肉体を持つあなたへサインを送っています。

ひらめきがあったときや、ハートがワクワクや心地よさを感じたとき、**あなたと内なる宇宙の仲間たちは、無意識のうちにコンタクトしています。**ですが、せっかくワクワクな感覚があっても、「気のせい」といってあなたが無視してしまえば、地球でそのサインを活かすことができませんよね。

なぜ宇宙意識のサインに気づかなかったり、気のせいにしたりしてしまうのか。それは、僕たち地球人は長きに亘って、源のことを忘れ、自分の中に無限の宇宙があることを忘れたまま生きてきたからです。

もしあなたが、宇宙意識からのサインを受け取りたいと思うなら、自分のハートの感覚を、それがどんなに微細な感覚だったとしても、いつも大切にしていてください。

日常の中での「ワクワク」「心地いい」「しっくりくる」「喜ばしい」といった感覚を信頼し、内なる宇宙からのサインだと捉え、キャッチしてください。

また、**宇宙からのサインを受け取ったら、行動に結びつけていくこと**。これも、宇宙の仲間たちとのコネクトをより強くしていく大切なカギです。

内なる宇宙からのサインに従って、あなたが好きなこと、したいことをリアルに実践していると、あなたの中に存在する神さまや天使やマスターたちの側面が、現実のあなたの行動と融合して、あなたの生き方が「目醒めていくバージョン」にアップデートしていきます。

反対に、サインをスルーし続け、行動をためらっていると、宇宙とのコネクトがだんだん閉じていくことになります。

・・・「OK！ 変化する準備ができています！」

やりたいと思ってワクワクしているのに行動せずにいることが、あなたにはありませんか？

「テニスを習いたいけれど、スクールにはまだ入っていません」「転職したいと思いながらも、同じ職場に勤め続けています」「あの人と仲よくしてみたいのに、声がかけられずにいます」などというような。

もしもあなたが目を醒ましていくならば、いま行動することをおすすめします。だって**ワクワクは、内なる宇宙からの「これをやると、目醒めるために必要な気づきがあるよ！」というサイン**だから。

そのワクワクのとおりに行動すると、あなたは成長と目醒めの扉を開いていくことになります。でも逆に、せっかく内なる宇宙からのサインがあっても、あなたがリアルに行動しなければなにも起きません。なにも変わりません。

もしあなたが、内なる宇宙のサインを行動に起こしたなら、それは、あなたはすでに、自分を変化させる準備が整っている状態だということ。

行動するって、内なる宇宙に向かって「ＯＫ！　次の私へと変化する準備ができています！」とサインを返しているようなものなんです。行動はすごく大事。地球という場所で、肉体を持っている僕たちは、行動なくして目醒めることはできません。

行動を起こすときは、**「行動の結果として、絶対に現実的に成功したい！　よい結果を出したい！」と執着をしないこと**が大切です。だって、あなたも僕も、現実的に成功するために地球に来たわけではないからです。

これまでの時代、多くの人は、現実をよくするため／悪くしないために行動してきました。でも、これからの時代、目を醒ましていく人は、意識レベルで成長するため、「宇宙そのものの自分であるため」に行動するようになります。

現実レベルの成功より、意識レベルの成長を楽しむことが、僕たちが地球に来た魂レベルの目的であり、目醒めるうえでの優先事項といえます。

よく「ワクワクすることを選ぶと成功すると聞いてやってみたんですが、全然成功しませんでした」という声を聞きますが、それはあたりまえです。だってワクワクは、「成功の法則」ではなくて、「成長の法則」だからです。

ワクワクするほうを選んでいると、いまのあなたが意識レベルで開いていくため、無限の可能性にあふれたあなたに戻るために必要なこと、大切なことが見えてくるのです。このとき、リラックスして望んだことならOKなのですが、そこに「力み」「絶対に」が入ると「執着」になると知っておいてください。

● ● ● 現実ももちろんよくなるけれど

ワクワクするほうを選んで、行動して、でもそこにあなたの執着（「絶対にこうなってほしい！」）があったとして、そして期待していたとおりに現実が変わらなかったとします。でもそこで、「うまくいかないじゃん！」と落ち込む必要はありません。

それよりも、「どんな成長が、いま必要かな」「その成長の先には、どんな自分がいるかな」と、自分と丁寧に向き合ってみてください。

そういうスタンスでいられると、結果的に内なる宇宙とのつながりが強くなり、本当に魂がワクワクする人生が始まります。

目醒めの生き方が定着したら、現実がよくなるのは自然なこと。

それよりも、あなた自身が、以前よりも宇宙そのものの自分として生きられるようになることこそが、いちばんのギフトなんです。

宇宙のサインに従って行動するあなたの目の前には、本来のあなたが望んでいる道、あなたにとって本当に幸せな道が、どんどん開かれていくことになります。

それは、「真実の目醒め」を体験できる道であり、あなたの魂からの願いをすべて叶えていける人生でもあります。

宇宙の仲間とあなたに上下関係はない

神さまや天使たちを上に見ない

もしあなたが、内なる宇宙の仲間たちとのつながりを思い出したいと思うなら、けっして彼らを崇《あが》めたりしないこと。彼らはあくまでも、あなたの側面の一つです。

ニュートラルな姿勢でいるほうが、彼らもあなたとコンタクトしやすくなります。

実際、彼らとあなたの間に一切の上下関係はありません。**宇宙の仲間たちとあなたは、単に「いま選んでいる波動の状態が違う」だ**

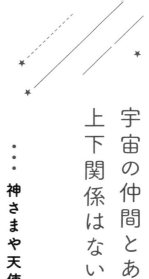

けで、対等な存在どうし。

みんな宇宙そのものなのですから、誰が偉いも、誰が偉くないもありません。

大事なことなので何度も話しますが、あなたも宇宙の仲間たちも、みんな生まれ故郷は同じでしたよね。

宇宙の仲間のうち、天使たちは、高い波動を維持した状態を選びました。僕たち地球人も、無限の可能性と選択肢を持っていましたが、その無限の選択肢の中から「低い波動を体験したい」「『やれない、できない』を経験したい」といって、自由意志で、いまの状態を選びました。ただその違いだけ。高い波動、低い波動という言葉を使っていますが、そこに優劣はありません。

そしていま、僕たちは、自由で無限の可能性を思い出そうとしています。

「眠りの体験はやり尽くしたから、そろそろ本当の自分へ目醒めよう！」と選んでいるんです。

宇宙の仲間たちを上下で見ないほうがおすすめな理由がもう一つあります。

もしあなたが「彼らは偉いしすごい。でも自分は偉くないしすごくない」と優劣をつけていたら、あなたにも彼らと同じだけ可能性があることを、認めにくくありませんか。

彼らと同じように、自由自在に可能性を発揮できると思えないのではないでしょうか。

彼らを特別視する気持ちが、あなたの無限の可能性を制限してしまっては、せっかく彼らとつながっても、目醒めとは真逆のほうに向かってしまいます。

彼らは宇宙に存在しています。その宇宙は、あなたの中にあって、あなたの中にも、神さまや天使やマスターや宇宙人の性質があります。

彼らに無限の力があるなら、あなたの中にも同じように、無限の力があるということです。

・・・最終的に選択、行動するのはあなた

スピリチュアルな分野ではよく、「ハートの声を聞きましょう」といいますが、ハートの声とは、あなたの内なる宇宙からのメッセージ。内なる仲間の声であり、あなた自身の内なる声です。最初から明確に感じられなくても、まずは微細な感覚をキャッチして、そしてその声に従って、行動しましょう。

このとき、「神さまに願いを叶えてもらおう」「天使にどうにかしてもらおう」というように、相手の力に寄りかかるような考え方にはならないでください。

最終的になにかを選択し、行動するのは、仲間たちではなく、地球というフィールドに立っている僕たちの役目。仲間たちからしても、こちらの選択、行動という成長の機会を奪ってしまっては、サポートしていることにならず本末転倒ですよね。

もちろん、仲間たちへのリスペクトは大切です。

でもそこには、けっして上下関係のようなものはありません。人間どうしのお付き合いにおいて「どんな人にも敬意を払う」のとまったく同じことです。

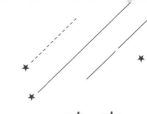

宇宙意識を思い出すと、魂の喜びがあふれる

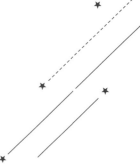

・・・これまでの正しい生き方はもうおしまい

僕たちは宇宙そのもの。神さまや天使やマスターや宇宙人たちと同じように、とってもパワフルで、自由で、クリエイティブで、無限の可能性にあふれた存在です。

これまでの時代の地球では、がんばって、努力して、気合いを入れて、壁をぶち破って、一生懸命生きることこそが正しいとされていました。

人と比べて勝ったり負けたりするたびに一喜一憂し、寝る間も惜しんで働き、問題を独りで抱え込んで、「もっとちゃんとしなきゃ」と自分を叱咤して……。

そんな生き方を多くの人が選んでいましたし、僕自身も例外ではありませんでした。25歳くらいまでは、僕もそういう苦しい生き方を激しく経験していました。

でも、宇宙そのものの自分へと目を醒ましていくならば、**がんばる生き方、苦しい生き方はもう卒業**です。

・・・あなたの外側に正解はない

これまでの時代では、多くの人が、「どのやり方が正解か」「どの人と一緒にいると得するか」「どの分野に行けば損しないだろうか」

のように、正解を自分の外側に求めていました。

うまくいかなかったときには、「やり方が悪かったのかな」「あの人と組んだのがよくなかったのかな」「環境が悪かったのかな」と、外側に原因を探しました。

でも、あなたの意識が外に向いているとき、あなたは宇宙とのつながりを忘れている状態です。それでは現実はいっそうややこしくなる。そういう流れになっていくんです。


外側に正解や原因を探す外向きな生き方は、「眠りの時代」の中で、本来の自分の無限性を忘れて生きてきた僕たちがやってきたこと。

目醒めていく僕らにとって、これからは、どんな答えも自分の中にあります。だから、**宇宙意識に耳を澄ませることが大切です。いつだって、あなたにとっての最善の答えは、あなたの宇宙意識を通してやってくる**からです。

宇宙意識でいればすべてが整う

もしあなたがいま、「がんばっているのに、ちっともうまくいかない」と感じているなら、二つのことを思い出してください。

一つは、本来のあなたは「宇宙」という究極の存在なのだということ。

もう一つは、あなたは宇宙という雄大な存在なのだから、必死になるというスタンスにならなくても本当は大丈夫だということ。

自分の中の宇宙意識と一つになっていけば、自然と、いまの自分が最も必要としているアイディアが降りてくるので、**頭という小さなところでの「うまくいく」とか「うまくいかない」という思考錯誤を必要としなくなります。なにが起きても、それが最善、最適な**

流れだと確信できます。

そして実際に、「すべては、まるでパズルのピースのように必要なものだったんだ。あのときは遠回りに見えたけど、実際にはすごくスムーズな道を生きてこられていたんだ」と気づくことになるでしょう。

僕らの宇宙意識は、頭ではけっして計算できないプランを持っています。

極端に聞こえるかもしれないけれど、宇宙意識と一つになっていけば、すべてが整う。

それくらい、あなたの宇宙意識はパワフルだし完璧だということなんです。

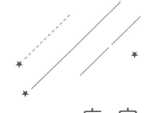

宇宙に好かれ、応援される人の特徴

すべての人の「最善」を祈れますか

それぞれの内なる宇宙に共通した流れとして、いま、「目醒めを望むすべての人」が、宇宙からパワフルにサポートされています。

もちろん、目醒めを選ぶ人だけが、そうでない人よりもたくさんの現実的なラッキーを受け取れるというような、そんな浅い意味ではありません。そうではなく、目醒めに必要な気づきや成長が訪れるなど、変革を促すサポートが多いということです。

ポイントは「望むすべての人」というところです。なかには、まだ目醒めたくない人、無限の可能性で生きることを望んでいない人もいます。そういう人たちの自由意志を無視して、内なる宇宙が、強制的に次元を上げさせるのは失礼ですよね。

目醒めるのも眠ったままなのも、いずれも、その人が選んだなら正解です。目醒めるのは偉くて、眠ったままなのは劣っている、と考える人もいるかもしれませんが、そうではないんです。

「眠る人にも目醒める人にも、どちらにも最善がもたらされますように」……そんなふうに、さまざまな人にとっての祝福を祈れる人には、たくさんのエネルギーが舞い込んでくるようになります。

与えたものが返ってくるのが、この宇宙の法則だからです。

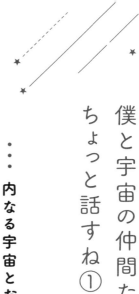

僕と宇宙の仲間たちのことをちょっと話すね①

内なる宇宙とおしゃべりしていた幼少期

ここで少し、僕と内なる宇宙のつながりについてシェアします。

これからお話しすることは、どれも、**僕が特別だから体験できたことではありません。もしかしたらあなたも、読み進めるうちに「あ、そんなふうな経験を私もしていた気がする！」と思い出すことがあるかもしれません。**

人によっては、「信じられない」と感じるかもしれません。でも、内なる宇宙の仲間たちが、どんなふうに僕たちと関わり、サポートしてくれているのかの一例として、「こんなこともあるのかもしれないな」と読み進めていただけたらうれしいです。

幼稚園生の頃、僕は自分の内側に、もう一人のものすごく物知りな自分が住んでいると感じていました。

そしてそれは、自分の内側に存在する宇宙なんだということを、深いところで知っている状態でした。

自分の内側にいる自分に質問をすると、それがどんな質問でも、0・1秒以内に答えがやってくるのがとてもおもしろくて、それが小さな頃の僕のお気に入りの遊びでした。

外で運動するのも大好きで、おおぜいで体を動かしている間は、内側のことは忘れています。

でも家に帰って一人になると、内側の自分に、「宇宙の向こうにはなにがあるの？」みたいなことを問いかけたり。内側から瞬時に答えが返ってくるのを楽しんでいました。自分の宇宙意識にアクセスして、宇宙の仲間たちのメッセージを自由に受け取っていたんです。これが僕のチャネリングの原点ということができます。

こうした遊びで、宇宙意識と肉体の自分の扉が開いていたので、僕は人の気持ちを読むのが得意でした。そしてなにをしたら相手が喜ぶかを先回りするようになっていったんです。

でもそんな僕を、大人たちが「いい子すぎる」と心配することもあって、僕は徐々に、宇宙とつながるアンテナをできるだけ閉ざすチャレンジをしました。

ただ、アンテナを閉じようとしていた僕を、宇宙が直接的にサポートしてくれたことがあります。小学四年生の夏、体験学習で、自然の豊かな場所に行ったとき。僕は友だちとコテージに泊まっていたのですが、真夜中にパッと目が覚めて、肉体のまま、UFOに乗ってきたんです。

肉体のまま乗ったUFOでヒーリング

こういうときって「あ、自分はいまからUFOに乗りにいくんだ」と、無意識の中でわかります。

UFOには、このときの僕のように肉体を持って乗るときと、意識だけで乗るときがあります。肉体で乗るには、実際に乗るところまで行かなければいけないのですが、コテージの非常口の重い扉がなぜか開いていたり、全然知らない場所なのに道のりがわかっていたり、ちゃんとたどり着けるようになっています。

僕は半覚醒状態で裸足のまま、迷いなく、野原を走り抜け、森の茂みに分け入って、UFOが停まっているところに到着しました。

そのＵＦＯは、よくイメージされる金属の感じではなく、ただの楕円形の光の塊。一軒家ほどのサイズです。光のそばに立つと、中にスッと肉体が入り、光の部屋の中のベッドに僕は寝かされました。

そこには六人の宇宙人の意識がいて、いくつかのことをしました。まず、これから僕が、生まれてくる前に決めてきた、最善のルートで進んでいけるようにスケジュールを確認してくれました。

これは僕の場合なのですが、この先のページでもお話しするとおり、僕は別の惑星由来の意識を持って、地球に生まれています。だから、宇宙的な感覚や記憶はたくさんあるのですが、その分、地球的な争いや攻撃性などの周波数に対して、当時はまだかなり繊細でした。そういう地球的な状況で心がちょっと塞いでも、目を醒ましていこうとする生き方まで塞いでいかないように、宇宙人たちは調整してくれたんです。あわせて、「**地球は怖いところじゃないよ。**

あなた次第で楽しんでいける場所だから、安心して遊んでおいで」とヒーリングみたいな形で教えてくれました。

UFOではそのほか、「何歳頃にこの天使とつながる、何歳頃にこのマスターとつながる」のようなチャネリングの待ち合わせをしたり、宇宙の最新の情報を注入してもらったり、いくつかのことをして、僕はまたコテージに戻りました。足の裏は泥だらけで草もついていたけれど、コテージを脱出したとは誰にもバレませんでした。

こうしたUFO体験、宇宙人にサポートされた経験は、形は違えど、僕だけでなく多くの人にあることです。

不思議な話だと感じたかもしれません。このような宇宙的なエネルギーの濃度が濃い話というのは、僕たちの意識の中に、まるで音楽のように伝わります。それが結果的に、宇宙意識の感覚を思い出す、一つのきっかけとなることがあります。

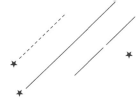

僕と宇宙の仲間たちのことをちょっと話すね②

・・・「ここにいる」だけでいい惑星の日々

もう少し遡った話もシェアさせていただきます。僕が今世、地球に来る前から、実際に生まれてくるまでの記憶です。

生まれる前の胎内記憶や、地球での前世の記憶を持っている人がいることは、もう多くの人が知っていますね。

それと同じように、地球に来る前にいたほかの惑星でのことを、僕は鮮明に記憶しています。僕だけではありません。こうした記憶を持っている人は、いまの時代、増えてきています。

3次元以上の惑星がどんな場所か。
本来のあなたが持っている「無限の可能性」というのは、どんなものか。

そういったことをイメージするのに役立てばうれしいです。

地球に来るまでの僕は、ある惑星にいました。

そこは魔法のような目に見えないテクノロジーが非常に発達している惑星です。景色としては地球でいうと、自然豊かな田舎みたいなところで、一見、テクノロジーとは無縁な雰囲気の星です。宇宙には大都会のように、目に見える形で技術発達している惑星もありますが、僕がいたのは、目に見えない魔法のようなテクノロジーが発達した惑星でした。

住民たちの姿は、地球の子どものような感じ。でも、地球人と違い、肉体は柔らかい周波数でできていて、制限がありません。制限がないので、地球人の肉体のように老いたり病気をしたりしません。肉体の概念が地球とだいぶ違うので、複数の場所に同時に存在することもできました。

体を着脱して、意識だけの存在になるのも自由自在でした。

その惑星で僕は、五〇〇年ほど生きました。毎日お散歩をして、のんびり過ごして、「ただ、ここにいる」ということを深く体験していました。「ここにいる」だけですべてが整い、意識はどこまでも心地よく自由でした。言葉では言い表せないような、透明な意識の状態です。

そんな状態だから、これ以上、なにかを手に入れて幸せになる必要がありません。**すでにパーフェクトで幸せな感覚に満ちている**

日々。「幸せ」を成立させるために、現実をよくする必要なんて、一切なかったんです。

次に生まれる惑星と、僕の分身を見つけた

それはとても心地よい時間だったのですが、あるときお散歩をしていて、「この惑星での体験もじゅうぶんに満ちたな」とふと僕は感じました。それで惑星の長老のような立場の人たちに、「僕はそろそろこの惑星を卒業します」と報告しました。

彼らは神官のような役目を担っていて、僕が旅立つために、幾何学的な模様を地面に描いてくれました。その模様の上に立つと、体から魂が抜け、残された僕の肉体は光になりました。僕はそうして、ただ意識だけの存在に戻りました。

意識だけの存在に戻った僕は、その惑星に向かって感謝をめいっぱい送り、宇宙に昇っていきました。

昇っていく途中、僕は光でできている鳥の姿になりました。それは、僕が次の場所に転生するまでの「つなぎの姿」です。

光鳥《ひかりどり》の姿で宇宙を飛びながら、しばらく宇宙でエネルギー関係のお仕事もしていました。もちろん、地球でいう職業という概念とはまったく違うものです。

そうやって悠々と宇宙を飛んでいるうち、僕は地球を見つけました。「あそこに僕の分身がいる。その分身の僕と、魂の中身をバトンタッチするときが来ているな」と、僕にはわかりました。

僕はもともと地球でも輪廻していましたが、今世が始まる前に、宇宙由来の僕と、魂の中身を入れ替えて生まれてきています。人の中に宇宙人などの意識が入り込む「ウォークイン」と呼ばれる現象にも似ているかもしれません。

それによって、自然と、宇宙的な感覚や記憶が色濃い状態で生まれてきました。

・・・地球での人生を決めるエネルギー会議

いよいよ地球に生まれるための準備に入ります。

僕たちは宇宙で、地球でどんな人生を送るのか、すべてを設定してから生まれてきます。

設定を全部決めるというのは、両親はもちろんのこと、「誰と出会う」「ガイドは誰にする」「どこまで成長する」……あらゆる事柄を決めるということです。

しかも一つのパターンだけではありません。**地球でのその人の成**

長度合いによって最善を選べるように、数えきれないほどのパターンを用意してくるんです。たとえば「ものすごく目醒めるパターン」「少しだけ目醒めて、続きは来世のパターン」など、それこそ無限大レベルの数を決めてきます。

大変な情報量ですが、「エネルギー会議」というシステムを利用すると、さほど時間をかけずに、すみずみまで決められます。

宇宙には、オーロラのようなエネルギーがただ揺れているだけの次元があります。僕はそのオーロラの中で、今世の設定をしてきました。オーロラがぐわんっとひと揺れするだけで、無数の物事が決まります。あなたも宇宙オーロラや、それに近いシステムを使い、すべてを決めて、生まれてきています。

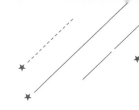

僕の生まれたときのこともちょっと話すね

お母さんのお腹から光のほうへ

さて、地球に行くための最終準備の段階に入り、僕は、宇宙次元にある「雲と光の世界」のような場所にいました。

そこには穴が開いていて、穴から地球を覗くと、僕のお父さんとお母さんがいました。

「家族はこの人たちで間違いありません」と僕がいうと、背後に三人の天使が現れて、ＵＦＯに乗せてくれました。

UFOに乗って、ドライブのように、僕のルーツとなっている宇宙の惑星をいくつもたどって、僕はついに地球に入りました。

当時、僕の両親が住んでいた家の屋根に近づいていくと、パッと景色が変わって、その瞬間お母さんのお腹の中にいました。お腹に宿った瞬間から、僕には意識がありました。

お母さんのお腹の中には、円形のスクリーンがあって、外の世界が全部見えて、音も聞こえる状態です。

地球に来たばかりの僕には、言葉はまだわかりませんでした。でもエネルギーを読み取って、お母さんとその周囲の人たちがなんていっているか、ちゃんと理解していました。

自分の生まれる日が近づくにつれ、僕は少しずつ、「地球の周波数」を自分に馴染ませていきました。

僕たちが地球で経験する、重たい周波数（ネガティブなど）。これは、地球特有の周波数です。

前の惑星にいた頃の僕は、重たい周波数がほとんどない状態で生きていたけれど、お母さんのお腹の中で過ごし、バトンタッチする前の僕が地球で使っていた重たい周波数を日々馴染ませていると、だんだん自分のものになっていきました。

僕は、母子ともに命が危ぶまれるほどの難産の末の誕生だったので、周りのみんなが感じていた不安はとても大きなものでした。両親以外に、病院の先生も、親戚たちも、みんな不安や緊張を抱いていたので、お腹の僕にも、それがひしひし伝わってきました。

いよいよ生まれる直前になると、お腹の中のスクリーンは消え、辺りは一瞬真っ暗に。そこにぽっと小さいけれど強い光が見えて、僕はその方向に進んで行きました。光にたどり着くと同時に、僕はオギャーと生まれました。

その光に近づいていくほど、僕の中の不安は強まる一方だったのを覚えています。


いちばんの不安は、宇宙で決めてきた地球での設定どおりにちゃんとできるかということ。

僕の人生プランとしては、人生の前半に波乱万丈な流れを詰め込んでいたので、急に心配になってきました。

誕生の仕方、発育の遅さ、大借金や無職という設定。だいぶ繊細で傷つきやすい人間になるんだよな……。波乱万丈を詰め込みすぎちゃったかもしれないな……と、急に心配になってきました。

宇宙のオーロラの中でその設定を創造したときには、まったくなかった感覚でした。

みんな、人生の光の道を確信して生まれてくる

でも光の向こうへ飛び出す瞬間、僕は思い出しました。それは、地球になにをしにきたのかということ。

これからの僕の地球での時間には、たくさんの希望やワクワクがあると、僕は思い出せたんです。

たしかに、山あり谷ありのチャレンジングな設定を多少したけれど、その先にはこれまで体験したことのない「目醒め」「アセンション」があり、それを地球で多くの皆さんと共鳴して起こしていける。そういう魂の設定を、明確に思い出しました。

「そうだ！　だから地球にやってきたんだ！」、そういう力強い覚

悟を持ったことを、僕はありありと覚えています。

覚悟というと、厳しい言葉にも聞こえるかもしれません。でも、本当の覚悟には希望があります。希望があるからこそ、覚悟が決まるんですよね。

逆に、希望がないのに覚悟を決めることはできません。


僕たちは、「自分が宇宙そのもの」であることを、すべて忘れて生まれてきます。いい換えれば、自分の力を眠らせて生まれてくるわけです。

なぜ、そのようなことをするのか。それは、地球に生まれたその先には、まだ経験したことがないほどのものすごい希望と楽しみがあると、僕たちは知っていたからです。

一度忘れたことを思い出していくとき、僕たちは深く学びます。自分の中にある完璧さを、敢えて忘れて、また思い出していく中で、僕たちは「宇宙そのものの自分」を、より深く知ることができるんです。

誕生の覚悟を思い出すと無敵になれる

僕たちはこの人生に、たくさんの希望を見出して生まれてきています。誰しも、無限の希望と、それに値する覚悟を持って生まれてきています。その覚悟は半端じゃありません。

赤ちゃんが生まれるとき、みんな感動しますよね。それは**赤ちゃんの中に希望への確信があふれていて、その希望への覚悟に、周りの人は感動しているとも**、僕は思っています。

あなたが本気で目醒めていきたいのであれば、希望の周波数でこの人生を捉えてみてください。「**大丈夫。希望を確信して、私は生**

まれてきている」と。

あなたが誕生する瞬間の、希望への確信と覚悟。その光の強さを思い出すと、ものすごいエネルギーが湧いてきます。それは、目を醒ましていくあなたのプロセスを支えるものとなります。

仮にいま、あなたが、人生がうまくいっていないと思っているとします。でも、覚悟を決めて地球を選んだあなたは、どんな状況にあっても、希望の光を信じる力を持っています。どんなに大変な体験も、光に転換していける浄化力を持っています。

赤ちゃんが生まれるときのような覚悟で、いまいる場所から前を向く。すると人生に思わぬ抜け道が現れることもあるでしょう。

覚悟を持って行動すると、僕たちはどんな道も切り開けるんです。

頭・体・心だけでなく「宇宙の声」を大切にする

・・・小さいあなたから大きいあなたへ

僕たち人間はこれまで、頭を使って計画を立て、体を使って行動して、そうして欲しいものを手に入れて、心を喜ばせてきました。それもすばらしい体験だったけれど、**これからは頭や心や体だけではなく、本当の自分を使ってみませんか。**

僕たちの意識はいま、ものすごく変化しています。

僕たちはこれまで頭と体と心だけが自分だと思ってきたけれど、

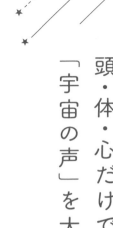

僕たちの内側には、果てしなく大きな「宇宙意識」が広がっています。こちらが、本当の自分。**頭と体と心だけを使って生きるというのは、自分のほんの一部だけしか使っていないということ。**

宇宙意識の無限の可能性を使って生きるようになると、小さな頭で望んだものでなく「魂が本当に望む人生の流れ」へとシフトしていきます。あなたこそが、あなたの人生の主人公であり、創造主。そう実感できます。「自分がすべての現実を創っている」という宇宙の法則を思い出し、「宇宙そのものの自分」として生きる。いまは、そんな次のステージへ、たくさんの魂がワクワクとジャンプしているプロセスです。

あなたがこの生き方に惹かれるならば、これまでの制限の生き方から、宇宙意識の無限の可能性を惜しみなく表現する生き方へ。いま、あなたの魂もシフトを始めています。

第 2 章

これからの地球での
自分だけの
「目醒め」のプロセスの
進み方

目醒めの道を決める好機

目醒めの土台を整える

近年、これまでに比べ、地球のたくさんの人たちが、「目醒め」に向かっています。目醒めとは、あなたの中の宇宙、つまり無限の可能性を再び思い出すことです。

いま、この本を手に取ってくださっているかたは、それが無意識だったとしても、目醒めという言葉を知らなかったとしても、きっとすでに目醒めを決めています。**もし目醒めを決めていなければ、いま、この本と出合うという現実を、あなたは創らないはずです。**

もちろん、スピリチュアルなことにまったく知識や関心がなくても、目醒めを選んでいる人はたくさんいます。

特に2021年は、すべての人が「この先、自分は目醒めを選択するか、このまま眠りを選択するか」という最終的な決定をした一年でした。

2021年までに目醒めを選んだ人にとって、その翌年2022年は、目醒めの人生の土台を整えるタイミングでした。

たとえるなら、2021年に吹奏楽部に入ることを決めて、2022年はトランペットか、ホルンか、フルートか……と、担当楽器を決めたようなイメージです。

「あなたはどんな目醒め方をしたい？」という問いに、「こんなふうに目醒めます」と、最初の一歩を自分で決めたということ。

ただ、これは目醒めのほんの序章にすぎません。

これから、目醒めを決めたあなたや多くの人は、自分が決めた目醒めのルートを本格的に歩み始めていきます。

吹奏楽部でいえば、ついに楽器の練習を始めるわけです。

これから地球のたくさんの人たちが、内なる宇宙と一つになっていきます。**どんな人生を生きていくかはすべて自分次第だと実感して、「自分が変わると、生きる人生もまるっきり変わる」のをリアルに体験していきます。**そんなふうに一人ひとりが「シフト」を起こしていった先で、それらの変革が調和し、人類が全体レベルで新しいステージへと上がっていきます。

• • •

ハワイへのルートは一つではない

僕たちはいま、「宇宙そのものの自分」と一致した方向に歩み始める重要なタイミングにいます（おさらいですが、「宇宙そのものの自分」は、真実の自分、宇宙意識、ハイヤーセルフ、内なる宇宙……といい換えられます。あなたのしっくりくる言葉で捉えてください）。

あなたが目醒めを決めて、目醒めていくのにふさわしい行動を選んでいたら、その先に進む扉は次々と開いていきます。

反対に、目醒めを選択しているのに、頭・体・心のレベルでは目醒めに対してどっちつかずな状態だと、どっちつかずの凸凹道を時間をかけて進んでいきます。

といっても**目醒めのルートに正解はなく、スムーズでスピーディな目醒め方でなければいけないというわけではありません**。どんな道をゆくかは人それぞれです。

たとえば、あなたがハワイに行くと決めたとします。あなたが東京に住んでいるなら、最もスムーズなのは、羽田や成田から飛行機で直行便に乗るという選択でしょう。

でも、遠回りしてでも関空から行きたい人もいるかもしれない。タイを経由してからハワイに向かいたい人もいるかもしれない。どういう方法をとってもいいのですが、そのルートを、自分の意志で選んでいるかどうかが大事です。

目醒めを選んだ人どうしでも、目醒める速度は人それぞれです。

いまは、各々が自分で選択した飛行機に乗り、目醒めに向かって離陸していくときです。スムーズに目醒めるルートも選べるし、逆に、どっちつかずの凸凹道での目醒めのルートも選べます。

こういった話をすると、「私はスムーズな目醒めのルートを生きたいな」と感じる人の方が、割合として多いかもしれませんね。

この後、目醒めていく方法やスタンスについて詳しく説明しますが、第一歩は、なにによいても、自分にとって「光を感じる選択」をすることです。

・・・どんなことでも、光を感じる選択を

光というのは、ワクワク感、リラックス、心地いい、しっくりくる、惹かれる気持ち……などの感覚です。こうした感覚があるほうを選ぶのを、どんなときも大切にしてください。

たとえば友人にごはんに誘われたとき。「誘われたから行かなきゃ」ではなくて、そのお誘いに光を感じるかどうかで、行くかどうかを決めます。

「いつもなら行くだろうけれど、今日はワクワクしないな」と思っ

たら、その誘いは断ります。逆に、友人の提案にワクワクできたなら、そのときは迷いなく「行く」とします。

小さな頭の中で「断るのは悪いし、行っておいたほうがいいかな？」などと考えるよりも、あなたの感覚そのままに行動する。日々そのスタンスでいると、あなたの魂は、最善の「目醒めのルート」につながっていきます。

その選択が大きなことか小さなことかは関係ありません。どんなこともすべて、この感覚で選択していけると、あなたはどんどん「魂が望む最高の目醒めのルート」にシフトしていきます。

なぜ感覚が大切なのかというと、ここまでお伝えしてきたように、**「内なる宇宙」からのサインは、直感、ひらめき、インスピレーションなどの感覚を通してやってくることが多い**からです。

「やれない、できない」はごちそうさま

・・・目醒めの目的はなんですか？

さて、目醒めていくにあたってすごく大切なことを、ここで一度確認しておきましょう。

あなたにとって、目醒めとは？
どうして目醒めたいの？

人によっては、「現実世界で成功することが目醒め」「仕事で大成

功して、お金持ちになって、素敵なパートナーと出会うのが目醒め」と思っているかもしれないし、あるいは、「世の中のピラミッド式の支配構造から抜け出すことが目醒め」と考える人もいるかもしれません。

でも、僕がいまお話ししている目醒めとは、**宇宙意識という無限の可能性を思い出すこと**。ただそれだけです。

地球に来る前、僕たちはみんな、「なんでもできる、どこにでも行ける」という無限の可能性にあふれた存在でした。宇宙意識のあなたは、好奇心のカタマリ。宇宙のあらゆる次元のさまざまな惑星で、自分の可能性を広げ、楽しんでいました。

そのうち「なんでもできるのならば、『やれない、できない』も成功できるはず！『やれる』『やれない』のどちらも成功できたら

『新しい経験』になる」と、あなたは考えました。
　宇宙意識のあなたは、「やれない、できない」を成功するために、限りなく高かった波動を敢えて落として、地球にやってきました。「なんでもできる、どこにでも行ける」という目醒めた意識から、「やれない、できない」の眠った意識に、自分から望んで進んだのです。

　たとえば、「あのホラー映画を見てみよう！」「ジェットコースターに乗ってみよう！」のように、敢えて怖い経験にワクワクし、楽しんだことはありませんか？
　あなたが「眠りの体験も成功させてみたい」とワクワクしながら地球にやってきたのは、それに少し似ている感覚です。

　あなたがお望みの「やれない、できない」という制限の経験を実現するには、宇宙意識のままではうまくいきません。だから僕たちは、自分の本来の宇宙意識を忘れ、無限の可能性を忘れました。

地球から「私は欠けている」という周波数をレンタルし、そこからは芋づる式に、「欠けているなら、不安になれる」「不安があるなら、それを隠すために怒ることができる」……と、まるで連想ゲームのように、いくつもの制限の周波数を次々にレンタルして、自分の中に入れていったんです。

そうして無限の可能性である僕たちは、欠けている自分を確立して、見事、「やれない、できない」をやってのけました。

それも、自分の本来の無限の姿を忘れるほどに。完璧に、眠る体験を成功させたんです。

この世界は「やれない、できない」があってあたりまえだと、信じて疑わない。その上、自分は本来「なんでもできる、どこにでも行ける」存在だったことすら、すっかり忘れました。

僕たちは地球で、「やれない、できない」の周波数にすっかり順応しました。

●●● もう失敗は「ごちそうさま」

本来の僕たちはとても優秀で、不可能がなかったのでしたよね。

だからこそ、その**高い集中力で眠りの世界に没入できた。**それが、これまでの地球人の「眠りのカラクリ」です。

でもどうですか？　もうじゅうぶん「やれない、できない」を体験できたと思いませんか？

「まだ私は失敗が足りない。もっと奈落の果てに突き落とされないと満足できない！」という人がいるとしたら、目を醒まさないほうがいいかもしれません。

失敗しても必死に這い上がる、そんな自分の生き方が好きな人もいてOKです。

そうではなくて「『できない、やれない』はもう何度も体験してきた。失敗を繰り返したり、自分を否定したりするのは、もう満足です。お腹いっぱいです」とあなたが思っているなら、「ごちそうさま」のタイミング。眠りの生き方にごちそうさまをして、目醒めの生き方を思い出していくときが来たということです。

無限の可能性を知っているあなたに戻ることを決めましょう。


僕たちは、「私は不完全で、できないこと、やれないことがたくさんある」という斬新な状態を、非常に濃密に体験してきました。

あなたが目醒めるならば、レンタルしていた斬新な周波数も、もうお返しするときが来ています。

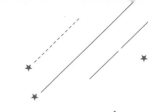

宇宙意識は、いつも自由で心地よい「ゼロ」

ネガティブもポジティブも地球にお返し

あなたが目を醒ましていくならば、ネガティブな周波数だけでなく、ポジティブな周波数も手放していくことになります。

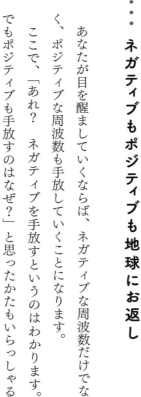

ここで、「あれ？　ネガティブを手放すというのはわかります。でもポジティブも手放すのはなぜ？」と思ったかたもいらっしゃるのではないでしょうか。

目醒めるとは、宇宙意識に戻ること。そのためには、地球からレンタルしてきたネガティブとポジティブの周波数を、どちらもお返してニュートラルな状態に戻る必要があります。これを「統合」と呼びます。

実はポジティブな周波数とネガティブな周波数は表裏一体で、ネガティブを地球からレンタルしたときに、同じだけのポジティブも、僕たちはレンタルをしていたんです。

ここから先は「宇宙算数」を通して説明します。僕たちの宇宙意識は、数字で表すとゼロ。ゼロは「無」とも捉えられますが、ここでは、何事にも左右されることがなく、自由で、心地がよくて、安らいでいて、ニュートラルな状態だとイメージしてください。

ゼロの周波数は僕たちの中心を意味します。ポジティブでもネガティブでもありません。プラスでもマイナスでもありません。いいも悪いもありません。

僕たちは、眠るために、地球のエネルギーのプラス側とマイナス側の両方を借りました。そうして僕たちの中に、プラス側＝ポジティブ、マイナス側＝ネガティブ、二種類の周波数のエネルギーができました。

ネガティブな体験をしたいときは、地球から借りたネガティブな周波数を使います。逆に、ポジティブな体験をしたいときは、ポジティブな周波数を使います。

地球から借りてきた、これらのネガティブとポジティブの周波数を全部一つに合わせる、つまり「統合」すると、僕たちの周波数はまたゼロ（宇宙意識）に戻ります。

これまでの地球ではほとんどの人が、ポジティブとネガティブがあってあたりまえと思っていて、毎日上がったり下がったりしていました。「先週はハッピーなことばかりだったけれど、今週は大変」とか、もっと上下動が激しい人だと「午前中は絶好調だったけど、午後は嫌なことがあってドーンと落ちた」とか。ポジティブとネガティブの間を、行ったり来たり、揺らいでいたということです。

周波数を統合してゼロに戻していくと、ポジティブもネガティブもそれぞれ小さくなっていって、最終的に、ゼロになる。ニュートラルで心地のいい自分からブレなくなります。

欠けているから、ポジティブに喜べる

ところで、スポーツの大会決勝戦などで、あるチームが相手の競合チームを下して、「やったぞー!」「よっしゃー!」と泣きながら飛び跳ねたりしているシーンを見たことがありますよね。

彼らはなぜそんなに前のめりになるほど、強い感情を爆発させられるのでしょうか(そういったシーンを否定しているわけではないのです

が、少したとえ話として、スポーツの話を使わせてください)。

それは、選手たちが、「私は欠けている」の周波数を深いところで使っていたから。自分は不完全で、日本一になれないかもと思っていて、だからこそ優勝したときに、その反動で激しくポジティブになるんです。たとえ口では「俺たちなら勝てる」といっていたとしても、じつは「いまの自分には力が足りない」と心の深くでは思っていたりして、そういう中でも苦しい練習に耐えて、不安と戦って、がんばって、その結果として勝利を手にした。

ネガティブとポジティブの周波数は、振れ幅が大きければ大きいほど、強い感情を湧き立たせます。僕も学生時代にバスケットボールをしていた頃には、ネガティブとポジティブの大移動をめちゃくちゃ激しく体験しました。

でも、スポーツが悪いのではないですよ。目醒めのスタンスでスポーツを楽しむ人が、これからはたくさん出てくるでしょう。

ポジティブな喜び、ニュートラルな喜び

ここで、勘違いしないでいただきたいのですが、ネガティブもポジティブも、宇宙から見たら、いずれも悪い周波数ではありません。そういう周波数の状態を楽しんでいるだけなんです。

でも、それを統合してゼロの周波数に戻していったら、現実的にいいことや悪いことがあってもなくても、どんな状況にあっても、あなたは心地のいい状態からブレなくなります。

僕にとってポジティブとは、アゲアゲ、ギラギラ、前のめりのような感情です。一方、**ワクワク感、リラックス、心地いい、しっくりくる、惹かれる……などの感覚は、あなたの宇宙意識から来ている周波数で、ポジティブではなく、「ニュートラル」です。**

ギラギラした前のめりの喜びと、リラックスした喜びは、「力み方」が違うと思いませんか？　僕たちが力むのには、「自分は欠けている」という周波数が関係しています。欠けていると思っているから、力んだり必死になったりして、現実をよくしよう、欠けている部分を補おうと、前のめりになるんです。

でも本来のあなたは、欠けてはいません。むしろ無限の可能性です。それなら、力んだ喜び（ポジティブ）は卒業して、心地のいい喜び（ニュートラル）にシフトするのは、目を醒ましていくあなたにとってナチュラルなことではないでしょうか。

ニュートラルに戻ると、前のめりでスリリングな喜びはなくなります。アドレナリンも出ません。それは退屈とか無感情ということではなく、むしろ喜びをより丁寧に味わえます。

それは、激しい喜びとは、質がまったく違うもの。**静かで透明な**

湖に光となって溶け合っていくような喜びです。

僕はあるとき、自分の宇宙意識そのものの中にすぽんと入る体験をしたことがあります。あまりの心地よさに、息が止まりそうになりました。「これが本当の自分？」って。

優しくもパワフルな光に、僕のなにもかもすべてが包み込まれて、この地球上では感じたことのない、圧巻の境地でした。

宇宙そのものの状態であることとは、ニュートラルであること。ネガティブにもポジティブにも偏らないこと。もしあなたが目醒めを決めたなら、どちらかに偏っていると感じたときには、統合する習慣を身につけていくことをおすすめします。

ネガティブ、ポジティブを統合してニュートラルに戻っていく詳しいやり方は、第3章でご紹介します。

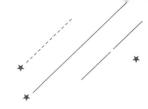

目醒めれば現実がよくなるのはあたりまえ

・・・目醒めても目醒めなくても成功はできる

「目醒めれば、お金にも仕事にも家庭にも恵まれて、幸せになれるのですよね？」

そのようなご質問をいただくことが、たまにあります。たしかに目醒めとともに、自然と、あなたの魂が望む形になるでしょう。

ただし、目醒めていくうえでと〜っても大事なポイントなのですが、「人より何倍も努力して」「やりたくないことにも耐えて」「朝から晩まで、寝る間も惜しんでがんばって」「駆け引きをして」……のような制限の状態、眠った状態であっても、大きな成功を収めている人はおおぜいいます。

目醒めというのは、現実を変えるためにするものではないんです。あなたの意識、あなたの在り方を本来の状態に戻すために、目を醒ますのでしたよね。

苦労して、仕事で結果を残しました。素敵なパートナーと結婚しました。大きな家を買いました。子どもをいい学校に入れました。会社を興して、どんどん大きくして、従業員もたくさんいます。こういう人は、周りから羨ましがられたり、社会的に成功していると見なされたりはするかもしれません。

でも、**本人がもし、無理をしていたり、ストレスが大きかったり、命をすり減らしていたりするとしたら、それはただ現実で成功**

しているというだけ。その人の魂が本当に望んでいる状態ではなく、目醒めてはいませんよね。「なんでもできる、どこにでも行ける」という、宇宙意識の自由で軽やかな在り方とは、違うと思いませんか？

反対に、「社会的に目立った成功はしていません。誰かから羨ましがられるわけでもありません。でも私は自由で、心地いい意識をどんどん思い出していっている」といえるなら、それは幸せの形の一つですし、目醒めを体験していっている状態です。

物理的な豊かさとか、社会的な成功とか、そういうものを追い求めるのがいいとか悪いとかいっているのではありません。でも、目醒めとは、そういう基準とは一切関係がない。ただ、ピュアでニュートラルな宇宙意識に戻るということ。

目醒めは、あなたの内側で起きるものです。

幸せになるために犠牲を払う必要はない

「目醒めと現実的な成功は、無関係なのか……」

そんなふうにガッカリしないでくださいね（笑）。逆説的ないい方になりますが、現実をよくしようと思わなくても、目醒めていくと、自然と魂にマッチした現実になりますから。

目醒めていくあなたは、「なんでもやれる、どこにでも行ける」という無限の可能性で現実を創造するのですよね。

そこには、がんばりとか、努力とか、寝る間も惜しんでとか、そんな取り組み方はもう必要ありません。

これまでの地球では、多くの人が、「苦あれば楽あり」といって、犠牲を払ったり苦労をしたりしなければ幸せになれないと思い込んでいました。

そういう感覚があると、苦労せずに人生を楽しむということに、どこか罪悪感を覚えるかもしれません。

でも、その罪悪感も、地球からレンタルした周波数。本来のあなたの周波数ではないから、手放していきます。


どこまでも軽やかに、ワクワクしながら、**「あれしたいな」「これしたいな」と思ったことを、成功のためではなくて、ピュアに楽しむことが大切です。**

あなたは、そういう生き方が可能な、純粋で自由な存在です。

●●●「うっしっし目醒め」にご用心

目醒めに向かう道には、まっすぐなルートもあれば、少しズレたスタンスの斜めなルートもあるんです。

特に気をつける必要があるのは、「現実を変えるために目醒めようとしていないかな」というところ。それはいうなれば、目醒めもどきみたいなものです。

そういう現実を変えるための目醒めを、僕は「うっしっし目醒め」と呼んでいます。目醒めとは、ただあなたの意識を変えることなのに、お腹の中では「目醒めていったら、現実もよくなるぞ……うっしっし」とほくそ笑んでいたりしませんか？


現実をよくしたいという気持ちはわかります。ただ、現実をよくすることが最優先になっているとき、僕たちのベクトルは、宇宙意識と真逆を向いています。

現実は、外側。目醒めていくあなたがベクトルを向けるのは、内側にある宇宙。現実に執着するのは、眠りの時代に僕たちがやっていた生き方です。

目醒めは、僕たちの内側のプラスとマイナスを統合していくプロセスで起こるのに、外の世界ばかり見ていたら、全然、統合が進まないですよね。

地球での眠りの体験はもうじゅうぶんに満喫したから、僕たちは宇宙意識という、本来の心地のいい自分に帰っていくのではなかったでしょうか。あなた本来の意識で地球を生きるという経験を始めるために、そのための歩みを進めるために、ワクワク目を醒ましていくのですよね。

もしもそう思えるなら、眠りの時代のときのように現実のほうに引っ張られることなく、ただまっすぐに、目醒めの道を進んでいきましょう。

ネガティブを発見すると目醒めは進む

・・・不安も怒りも目醒めの扉

ネガティブな感情も、ポジティブな感情も、目醒め始めたばかりのうちはたくさん出てくるものです。だって僕らは、今世だけでなく、地球でのこれまでのたくさんの過去生でも眠っていて、たくさんの制限の周波数を借りてきたわけですから。

でも、統合を繰り返していくと、大きい感情はだんだん出なくなり、ニュートラルな自分を保ちやすくなっていきます。

眠って生きていたときのあなたは、あなたの中から出てきたネガティブな感情を、体験に使っていました。不安も、怒りも、寂しさも、葛藤も、ズキズキとする心の痛みも、あなたの体験でした。

ところが、これから目醒めていくあなたにとって、そのネガティブな感情は、痛みを体験するためのものではありません。手放して、より軽やかになっていく扉です。

あなたが眠りのスタンスに立っていると、ネガティブな感情が出てきたとき、「こんな感情が出てきたよ、嫌だな」となります。

一方、目醒めのスタンスに立てたなら、「あ、この周波数も手放せるんだ♪」「もっと目醒めていける♪」という反応になるはずです。

ネガティブな感情を捉えた瞬間のあなたの反応に注目すると、目醒めに向かっているか眠りに向かっているか確認できます。

たとえば、あなたがなにか行動を起こそうとして、「不安だなぁ」

「怖いなぁ」「失敗したらどうしよう」などのネガティブな思いが出てきたとします。そんなときは「またネガティブになってしまった」とくよくよ考えるより、「目醒めのチャンス♪」と、その周波数を手放して、ニュートラルな意識に戻りましょう。

そうして宇宙意識とつながれば、「こうすればいい！」というインスピレーションを得られるから、あとはそのとおりに行動を起こせばオッケーです。

だから、ネガティブな感情が出てくるのは、ちっとも悪いことではありません。逆に、**ネガティブが出てこなかったら、なにも手放せないので目醒めが進みませんよね。**

まずはあなたがワクワクすることやしっくりくることをハートで捉え、行動にしましょう。そのときに出てくる重たい周波数を手放していく。それが、シンプルな目醒めのプロセスです。

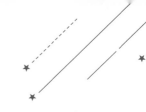

目醒めていくと、人のせいにしなくなる

目醒めのエレベーターからズレないように

目を醒ましていく際の、すごく重要な話です。**あなたの中には「意識の中心」があります**（「100の位置」とも呼ばれます）。**宇宙意識とダイレクトにつながる、いわば目醒めのエレベーターのような位置。**ここに立つことで本当の統合が起きるのですが、この立ち位置から、自分がズレてしまうことがあります。

どんなときにズレるかというと、あなたが「外向き」のとき。現実をよくすることに執着したり、人の目を気にしたり、失敗を恐れたりしているときです。目醒めは、正しい位置に立つことから始まります。もっとシンプルにいうならば、あなたが重たい感情を1ミリでも感じているときは、この位置からズレています。

その現実を映写しているのはあなた

現実というのは、あなたの目の前にあるたしかなものに見えるかもしれません。でも、本当はこの現実世界は、立体映像のようなしくみをしています。**現実世界は、プロジェクターのスクリーンのようなものなんです。プロジェクターの映写機は、あなた自身。**あなたという映写機が、どんな周波数や感情を使うかによって、映し出される映像が変わります。

しかし、眠って生きてきた僕たちは、このプロジェクターとスクリーンのしくみを忘れていました。映像を変えるためには、あなたという映写機が変わる必要があるのに、スクリーンにばかり注目して、「現実をよくしよう」「現実がよくなければ、私は幸せじゃない」と、必死になったりしてきたわけです。

「現実をよくしなければ」と意識の中心から飛び出し、スクリーン側に寄っていくと、宇宙意識とのつながりが断たれてしまいます。

現実世界は、自分の外側にある立体映像にすぎない。そうわかると、やらなくてすむようになることがあります。それは「人のせい」「環境のせい」にすることです。

現実は自分の周波数で創っているんですよね。ということは、あなたにとって苦手な人がいるとしても、その人をスクリーンに映しているのはあなた自身。あなたが環境に恵まれていないとしても、その環境をスクリーンに映しているのもあなたです。

スクリーンを眺めていると、「あ、自分はこんな周波数を持っていたのか」とわかります。

たとえば「上司に怒られた」のも、あなたがスクリーンに映した現実。あなたが「怖い」「嫌だな」などのそのときに生じた感情を使って、怒られるという現実を映したわけです。このとき、目醒めを選んだあなたなら、**「私は怖いという周波数を使っていたんだな。この怖さの感情をいま手放せるな」**と気づけます。

でも逆に、「あんなに怒る上司が悪い。あの人のせいで私は怖い思いをした」といっていては、あなたは目醒めの機会を逃してしまいますし、いつまでたっても上司は怖いままです。


あなたが目を醒ましていくならば、「すべての現実は自分が創っている」という視点に立ち、どんなことが起きても人のせいや環境のせいにしないこと。自分の中で浮上した周波数をどんどん手放して、目醒めを楽しんでみてください。

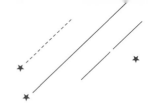

目醒めに必要な課題から逃げない

ワクワクしないこととの向き合い方

目醒めのプロセスでは、「向き合う必要があること」がいくつも出てきます。

たとえば、あなたはヨーロッパ旅行に行きたくて、ワクワク準備を始めました。するとパスポートが必要だとわかった。パスポートを取りに行くのはワクワクしない。面倒くさい。でも、パスポートを取らなければ、いつまでたってもヨーロッパには行けません。

目を醒ますなら、「面倒くさい」を手放し、行動する必要があります。

もちろん、苦しいのを我慢して行動してくださいといっているのではありません。結合しながら、できるだけ惹かれる方法、やりやすい方法でパスポートを取ればいいんです。

よくスピリチュアル界では「ワクワクすることをやるのが大事」と聞きます。たしかに、ワクワクは宇宙意識からのサイン。でも**ワクワクしないからといって、必要な行動から逃げるのは違います。**

たとえば「私は親子の問題をずっと先送りにしてきたな」など、あなたが人生を進んでいくうえで、どうしても向き合わなければいけないこともあるでしょう。そのテーマへの重たい感情を手放しながら、最善の行動を選んでください。するとあなたは、目醒めもどきではなく、本当の意味で目を醒ますことになります！

大切なことから逃げるのが、目醒めやスピリチュアルなのではありません。大切なことの向こうへと、軽やかに進んでいくのが、目醒めやスピリチュアルの道なんです。

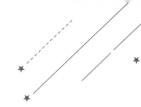

眠り続けることを選んだ人との関わり方

・・・「一緒に目醒めてほしい」の言葉は不要

これからの時代は、**目醒めを選んだ人、眠り続けることを選んだ人の二極化もさらに進んでいく**ことになります。分かれたパラレルはいずれ混じり合うこともなくなります。

こういうと、「自分は目醒めを決めたけれど、家族など大事な人は『目醒め』という言葉さえ知らない。意識が眠ったままのように見える。どうにか目醒めさせることはできないか……」とおっしゃるかたがいます。

まず、目醒めという言葉をまったく知らないとしても、目醒めは選択できます。実際、そういう人もたくさんいます。だから、目醒めを知っているか否かで気を揉む必要はありません。

次に、もしあなたが目醒めを選択して、あなたのパートナーが眠りを選択した場合ですが、あなたとパートナーが今後、物理的に離れることはありえます。

ただそれは、目醒めるか眠るかに限ったことではありません。生き方の方向性が変われば、どんな人間関係においても、別れが起こるのはあたりまえのこと。

ともに目醒めを選択した二人であったとしても、どのくらいのスピードで目醒めていくか、その速度やリズムが各々で違えば、やはりお別れの可能性はあります。

あなたがもし「目醒めはよいけれど、眠りはダメ」とジャッジしていると、大事な人に「一緒に目醒めてほしい」と期待することもあるかもしれません。でも、自分以外の誰かを変えることはできません。提案をすることはできますが、実際にそれを選ぶかはその人の自由です。

たとえば僕はこの本を書いていますが、読んでくださっているあなたを目醒めさせようとは、まったく思っていないです。

僕がしているのは、「こんな生き方があるよ!」という提案であり、「僕はこの生き方が好きだ!」という表現です。

その結果、「私はほかの生き方が好き」というならば、僕はそのあなたの選択を祝福します。それがたとえ、眠りの道であっても。「あなたのその先に、あなたの魂の望む最善な経験がありますように」と祈ることができます。

昔の僕にも、お母さんに必死に目醒めを説いて、お母さんの生き方を変えさせようとしていた時期があります。お母さんは、ビールを飲みながらきょとんとしていました……。

そんなことをしなくても、あなた自身が変わることが、周囲の人へのいちばんの目醒めの招待状です。

たとえば元気な人と接していると、それだけで、あなたも元気になれますよね。それと同じで、あなたが自分に100％集中していて、制限のエネルギーもどんどん外して、いつもニュートラルで、自由で軽やかでピュアな意識で存在していたら……。あなたの目の前の人が、自分の意志で目醒めを選ぶきっかけになります。

ただし、ここから大事なことを話しますね。**もしあなたが周りの人に対して、「この人を変えたい」「目醒めさせたい」とあれこれい**

いたくなるなら、それは、あなたが外側にズレているということなんです。先ほどお伝えした、現実をよくしようとしている外向きのスタンスと同じ。

あなたのスタンスが目醒めからズレているわけですから、目醒めの話を誰かにしたとしても、なんの招待状にもなっていないということです。

ここは多くの人がつまずきやすいところです。

周りの人に「あなたも目醒めの生き方をしてよ！」といいたくなったら、それは自分に対しての言葉だということです。

そういうときに多くの人が感じるのは、「目醒めていく中で、大切な人と離れたくない」という寂しさかもしれません。「私は目醒めに向かっていて波動が高いけど、相手は眠っていて波動が低い。波動が違って、この人とはわかり合えないわ」という怒りかもしれません。

でもその寂しさや怒りは、いま、あなたが手放すために浮上してきた周波数ですよね。

外側でなく内側、周りの人ではなく自分に集中して、こういったことに気づくことが大切です。

目醒めが進めば、孤独ではなくなる

孤独感というのは、眠った意識そのものであり、心が一人ぼっちになるということです。でも目醒めは、「すべては一つ」という意識に戻っていくことになります。もっといえば、本当の意味での自分自身（宇宙意識）とつながることになるんです。孤独の原因は周りから人がいなくなることではなく、自分が自分と離れてしまうことなんですね。

だから目醒めと孤独は真逆のものです。
目醒めが進むと、家族がいるかいないか、友だちがいるかいないか、といった周囲の環境や人間関係に左右されることがなくなって、一人でいても、誰かといても、あなたはいつでもどこでも心が満ち足りた状態でいられます。

も**しあなたの中に「一人は寂しい」という気持ちがあるなら、それは、まだあなたの意識が外側を向いている**から。
その寂しさを統合していくことで、僕たちは「本当のつながり」を思い出していきます。

あなたを目醒めさせられるのは、あなただけ

地球での特殊な目醒めにワクワクしている

この「目醒めとはなにか？」についての章も、終わりに近づいてきました。あらためて、あなたに聞きますね。

あなたにとって、目醒めとはなんですか？
どうして目醒めたいのですか？

それは、あなた自身が、次に進みたがっているからではないです

か。地球や宇宙の流れに乗せられて、なんとなく目醒めるんじゃなくて、あなたの意志で目醒めるんです。

たとえば、すごくおもしろい本の第一巻を、あなたは一〇〇回読んだとします。すご〜くおもしろい内容だとしても、一〇〇回も読んだら、そろそろ二巻を読みたくないですか?

それと一緒です。一巻が「地球での眠りの体験」だったとするなら、それはもうじゅうぶん味わいました。あなたの魂は、もう次の巻に進みたいと願っていると感じませんか?

地球ほどにしっかり眠った星は、こんなに広い宇宙でもなかなかありません。

そんな惑星で「生きたまま目醒める」って、すごい体験です。僕自身も、魂からワクワクしています。

僕たちには肉体があって、五感があります。実際に触ったり、見たり、聞いたり、味わったり……。肉体を通して、とても臨場感ある体験ができます。

肉体がなければ、ここまで臨場感のある感覚を楽しむことはできません。だからこそ僕たちは目醒めていくことで、自分の無限の可能性を、この臨場感で経験できるんです。

僕たちは、そういうビッグチャンスを目の前にしています。

この地球での在り方を変えられるのは、肉体があり、リアルに行動できるあなただけ。

宇宙の仲間たちも、離れたところ（といってもあなたの内側ですが）からサポートしたり見守ったりしてくれてはいるけれど、代わりに地球で生きることはできません。

あなたを目醒めさせられるのは、あなただけ。あなた自身に、最高の目醒めをプレゼントしましょう！

第3章

宇宙の仲間と共同創造した目醒めのワークと三つのチャネリング

そもそも、ワークをするのはなんのため？

ここからは具体的に、目醒めに役立つワークをご紹介します。

まず、目醒めていくための基本のワークとなるのが、「統合」「グラウンディング」「センタリング」「宇宙瞑想」です。

特に「統合」は、僕がいちばん大切にしているツールです。**統合を人生の中心に置いて、僕は目醒めのプロセスを進めてきました。**

統合を進める自分自身のエネルギーの土台をつくり、あなたがこの地球で宇宙そのものとして目醒めていくことを支えるエネルギーを育むのが、グラウンディング以降の三つのワークです。

その後にご紹介するのが、チャネリングのやり方で、まず基本の

「ワンネスチャネリング」。それから「植物・動物とのチャネリング」「もののとのチャネリング」をやります。

どれも、あなたの宇宙意識を使って行う手法です。

・・・「忙しくて、できない」？

ところであなたは、なぜワークをするのでしょうか。自分が目醒めていくために必要と感じるから、ワークをするんですよね。でも、ときどきこういうかたもいます。

「ワークをやるのは面倒くさい……」

「一日じゅう忙しくて、なかなかできない……」

ワークは「やらなくてはいけないもの」ではなく、目醒めていくことを望むあなたが、自分の自由意志で、人生に取り入れるもの。

面倒くさい、忙しくて後回しにしたい、ともしあなたが感じるなら、まず、あなたは本当に目醒めたいのかを再確認してください。答えがイエスなら、「現実」よりも「目醒め」を優先します。

面倒くさいや忙しいが出てくるときというのは、心のどこかで現実をよくしようという外向きの意識が働いています。「現実的に、やらないといけないことがあるから」「現実で、誰かにサボっていると思われないように」のような思いも、現実をよくしようという外向きの状態です。現実世界にはすべきとされていることがたくさんありますが、外側の事情を優先してワークをできないというのは、まだあなたの意識が外向きなんです。

特に統合のワークは、一日に何度も、「あ、いまワークをしたら、波動が上がるな」という場面が出てくるはず。そのときは、現実のほうの手をいったん止めて、ワークを優先する勇気も大切です。

「でもいま、忙しいし！」と思うかもしれませんが、ワークをして、**制限の周波数を外せたら、あなたから湧き出るものはいっそうクリアになる。**ワーク後の整った意識で現実を創造するほうが、現実はより整うと思いませんか。

あなたの意識は、パワフルにこの世界を創造します。制限の周波数のあなたのまま、現実をなんとかしようとするより、現実をいったん止めてでも、あなたの内側を整えるほうが、いろんな意味でスムーズな流れにつながります。

慣れてくると、仕事や家事をしながらも、人と話しながらでも、ワークはできます。

ズレに気づいたら、目の前に上司がいても、パートナーがいても、「ちょっと自分を整えるから、待ってください」といって、すぐ統合。誰にどう思われるかは気にしない。

そこまでできたら、あなたはものすごい波に乗って、目を醒ましていくことになるでしょう。

逆に、「周りに人がいるから、いまはできない」「変な人と思われるかもしれないから、ここではやめておこう」といっているうちは、あなたの意識は外向き。恥ずかしい、という周波数を持ったまま目醒めることはできません。

●●● 苦手な人の前でこそワークをするといい

たとえば、あなたに「この人の前で、私はよくネガティブになるんだよな」という人がいたとします。その人の目の前で、目を見ながら統合をしてみるのはいかがでしょうか。これ、冗談じゃありません。すごく本気でいっています。

パートナーだったり、家族だったり、身近な存在に対して強い感情が出ることは、よくあるものです。そういう相手に対して、「そこにちょっと立って」とお願いして、その人の前で統合する。すると、グンと波動が上がることが多いんです。

こんな話をすると、「咲太さんは目醒めにストイックですね」といわれます。でも僕としては、目醒めていく自分が楽しいだけ。だから、自分がストイックだとは思っていません。

目醒めていく自分が求めていることを優先するのは、心地いいし、ワクワクするし、自由。だから僕はいつも、目醒めるために必要な行動を最優先にしています。

どのワークも、宇宙の叡智がたっぷりです。「目を醒ますことを楽しむ」と意図して、大好きな自分のために実践してください。

目覚めのワーク①統合

ポジティブ、ネガティブを統合し「ゼロ」に戻る

おさらいですが、これまでの僕たちは、地球でネガティブとポジティブの周波数をたくさん借りて、「現実をよくしないと幸せになれない」と、現実で起こる現象に一喜一憂するのを楽しんできました。でも、もうお腹いっぱい。ネガティブやポジティブの周波数が浮かんできたら、そのたびに外します。

日々、僕たちはさまざまな感情を体験します。悲しみ、苦しみ、怒り、不安、焦り……のようなネガティブな感情もあれば、前のめりでギラギラしたポジティブな感情が爆発するときもあります。いずれも、あなたの本来の意識の中心から外れているので、ズレに気

づいたら、自分の中のネガティブとポジティブを一つにして、「ゼロ」のエネルギーに戻すワークをしてみてください。

・・・体感が薄くても大丈夫

統合のワークをすると、多くのかたは、**スッキリした、落ち着いた、明るい気分、穏やかな気分、心地よさが広がった……**というような感覚を捉えます。ただ、そういう体感がないと、「ちゃんと統合できているのかな？」と感じることもあるでしょう。

体感が薄くても、まったく統合できていないことはありません。

なぜ薄いのか、考えられるポイントは二つ。一つ目は、統合を始めたばかりで、感覚がつかめていない場合。初めは体感が薄くても、続けるうちに、だんだん体感が大きくなっていきます。

二つ目は、多少なりとも心地よさを感じているのに、「ほんの少しだから」とその心地よさを無視している場合。1ミリでも心地よさがあったら、その1ミリを認めてあげてください。**「私は感じた」と肯定すると、統合の感覚がもっと開きます。**逆に「1ミリだから、全然感じてないに等しい」といっていると、感覚は閉じます。

たとえば「悲しみ」の周波数を統合したとします。その後で、少しでも悲しみが和らいでいたら、その分は統合できている証しです。

一回のワークで、二層手放しておく

統合のワークは、いつ、どこで、一日何回やってもかまいません。イメージするだけでなく、実際に体を動かして行うのがおすすめです。重たい周波数が出てきたら、「後でやろう」ではなく、すぐやるのも大切です。

それとは別で、起床時に行うのも効果的です。朝、丁寧に統合す

ると、その一日、どんな場面でワークをする際も手放しやすくなります。夜寝る前にも行うと、よりクリアなパラレルの明日に進むことができます。

「一回何分」のように制限時間は決めないで、落ち着いて丁寧に、自分のペースで行ってください。

次のページから、ワークの具体的なやり方を紹介します。統合も含め、目醒めのワークはどれも、最初に、内なる宇宙と一つになる準備として「意識の中心」（134ページ）に立つのが大切です。

一回の統合のワークの中では、手放しのプロセスを二回繰り返します（138〜147ページ）。なぜかというと、感情というのは層になっていて、いま浮かんできた感情を手放しても、すぐに次の層が上がってくるから。一回のワークで二層手放しておくと、ニュートラルな状態によりスムーズかつ深く入っていきます。

WORK 1

統合

① 光の大陸に立つ

深く統合を起こすための準備をします。
目を閉じ、光の大陸に立ちます。
シャンパンゴールドの色をした光の大陸です。

頭上には、あなたの「内なる宇宙」の空間が
ポッカリと大きく開いています。
大陸の深くに、白い光の球体が透けて見えます。
あなたが地球に来ると決めたときの
クリアなエネルギーです。

「宇宙、あなた、白い球体」が一直線になるよう
足元に光のお皿を置き、その上に立ちます。
この光のお皿が「意識の中心」です。
（100の位置）

② ズレている自分を呼び戻す

あなたの目の前には
現実世界という立体映像が映されています。

意識の中心からズレて、
現実世界のほうに飛び出してしまった
光のあなた（あなたの一部）を呼び戻します。
指を鳴らしても、手をたたいてもＯＫ。
光のあなたが、ひゅーんと
あなたの体の中に戻ります。

これであなたは、意識の中心に立ち、
深く統合を起こす準備が完了しました。

パチン!

③ 周波数をゴロンと出す

胸に扉があると思って、大きく開きます。
手放すと決めたネガティブな周波数を
黒い鉄の塊のイメージで、
あなたの中から胸の前にゴロンと出します。
ごつごつした岩のような鉄。
その「硬さ」「重量感」を捉えてください。

それとともに、背中にある扉も開きます。
黒い鉄の塊とまったく同じ質量の光の塊を
背中からゴロンと出します。
これは、黒い鉄の塊と相反する
ポジティブの周波数です。

ゴロン
ゴロン

④ 「ゼロ」の光に戻す

③で出した黒い鉄の塊と光の塊を統合し、
あなたのエネルギーを「ゼロ」に戻します。

黒い鉄の塊は左手、光の塊は右手に持ちます。
あなたの胸の前でその両手を合わせると、
二つのエネルギーは
体の前で一つに「統合」されて
美しい「ゼロ」の光の球になります。

⑤ 光の球と呼吸する

「ゼロ」の光の球を抱え、
球と一緒に三回ほど、深く呼吸をします。
球は、自分の宇宙意識と同じエネルギーです。

球が放つ、心地いい感覚を丁寧に感じます。
呼吸するたび、光がますます強くなります。

⑥ 光の球と一体化する

「ゼロ」の光の球を頭からかぶって
球の中にすぽんと入りましょう。

自分を覆っていた分厚い鎧《よろい》が粉々に割れ、
中から透明な光でできた
あなたが出てきます。

⑦ 宇宙意識に近づく

光の球と一体化し、
あなたは拡大していきます。
ずっと上のほうに見えていた宇宙空間が、
近づいて見えてきます。
この宇宙空間が、あなたの宇宙意識です。

手を伸ばし、宇宙空間に触れてみましょう。
ここでも、その心地よさを存分に味わいます。

ここまできたら、もう一度、
③〜⑦のプロセスを繰り返します。

8 宇宙空間に抜ける

光の球と一体化したあなたはさらに拡大して、
全身が完全に宇宙空間の中へ到達します。
周囲を眺め、あなたの宇宙意識を感じます。

あなたがいまいる宇宙空間の上に、
さらに高次の宇宙空間があります。
それは今後、あなたが到達していく予定の
さらに軽やかな宇宙意識です。
そこからゴールドのシャワーが降り注ぎます。

そのシャワーをじゅうぶんに全身に浴びたら、
ゆっくり目を開けましょう。

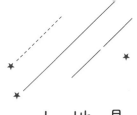

目醒めのワーク②グラウンディング

地球で生きるうえでの土台を安定させる

グラウンディングとは、一言でいえば「地球とつながる」こと。

宇宙意識にフォーカスを当てるのは大切なことですが、エネルギーが上に引っ張られ、地球とのつながりが希薄になることがあります。目醒めていくからこそ、グラウンディングによって土台を整えることが、これまで以上に大切となります。

・・・行動力、集中力が増して目醒めが加速

このワークでは、あなたを地球のエネルギーで満たし、この地球

で生きるうえでの土台を安定させます。土台が揺らぐと、必要とわかっていても行動に移せなかったり、大事なことに集中できなかったり。「意識の中心」からもズレやすく、まっすぐな目醒めを進めにくくなるんです。グラウンディングができていて、意識の中心にどっしり立っていられれば、それとは真逆の状態でいられます。

エネルギーが安定して、あなたの宇宙意識からの「自分はこう生きたい」というサインのままにスムーズに行動を起こしたり、言葉にしたりできるから、あなたの才能、あなたらしさも発揮されやすくなります。

地球で僕たちが変わっていく、目醒めていくためには、リアルな行動が大切ですが、エネルギーの土台が不安定だと、行動の際に、ふらつき、つまずきが起こりやすくなる。目醒めのこの時代、グラウンディングの必要性が増していると、僕は思っています。

グラウンディングを日々繰り返して、あなたの土台が安定してくると、どんな現実を前にしても、揺らいだり動けなくなったりすることがありません。

足の裏を使ってエネルギーをやりとり

グラウンディングのワークの際の重要なポイントは、あなたの両足の裏にある「赤い光の球」（チャクラ）を意識的に使うことです。チャクラと聞くと、多くの人は、尾てい骨と頭頂の間に並ぶ七つの点を思い浮かべると思いますが、ほかにも足の裏や手のひらなどにいくつも存在しています。

左右の足の裏に、リンゴの大きさほどの赤く光るボールをイメージしてください。そのボールから、「グラウンディングコード」というコンセントのようなものを、地球の核に向かって一直線に伸ばします。地球の中心に、大きな光るクリスタルがあって、そこにコンセントを挿すようなイメージです。

グラウンディングでは、このコードを経由して、地球とあなたでエネルギーをやりとりします（156ページの絵参照）。自分の中の不要なエネルギーは、コードを通じて地球に流し、浄化してもらいます。それとともに、地球のエネルギーを受け取ります。リラックスや調和、安定感、生命力に満たされたエネルギーです。

このワークも、朝行うのが特におすすめです。**僕たちは寝ている間、一時的に地球を離れ、意識の世界に行きます。だから起きたてほやほやのときは、地球とのつながりが弱くなっている**ことがあります。朝のうちに自分を整え、どんな一日にするのかを決め、実際に行動に移せると、すごく前向きな流れができます。

WORK

2

グラウンディング

① 足の裏の光の球を感じる

目を閉じて、
足の裏の赤い光の球（チャクラ）を感じながら
スーッと音がするくらいの
少し強めの鼻呼吸をします
（1分ほど目安）。

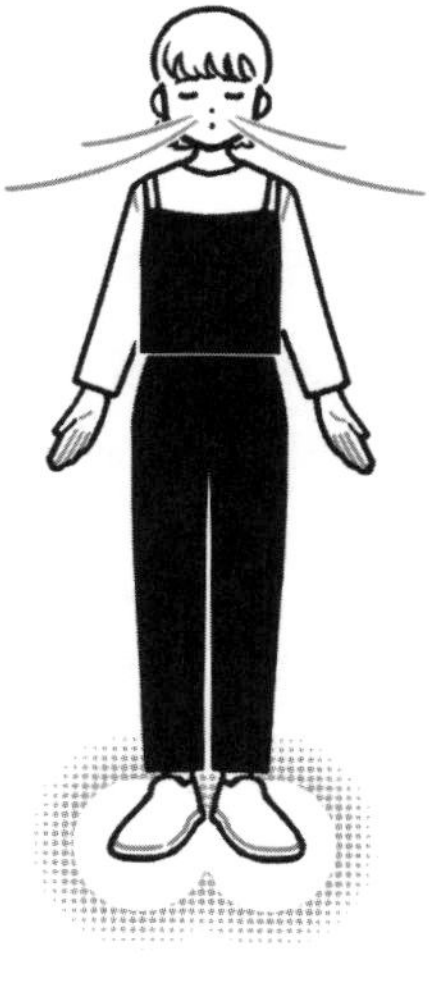

② エネルギーを循環する

◎の呼吸を続けながら、足裏のチャクラから
地球の中心にある大きなクリスタルに向かい
「グラウンディングコード」を伸ばします。

まっすぐと伸びたコードを通じ、
息を吐くときは黒いエネルギーを地球に流し、
吸うときは深緑色の地球のエネルギーを
受け取ります。
自分の中がどんどん深緑色になっていくので
じゅうぶんだと思うまで続けます
（3〜5分目安）。

※地球はエネルギーの自浄作用が得意な惑星なので、安心して、黒いエネルギーを送ってください。むしろ地球にとっては、環境破壊や戦争など物理次元で不要なエネルギーを加えられるほうが、ダメージが大きいです。

③ 地球のエネルギーに満たされる

地球のエネルギーで満タンになったら
最後に鼻呼吸を三～四回して、
キラキラの透明なエネルギーを
地球から送ってもらいます。

エネルギーに満たされた自分を
じゅうぶんに感じてから、
ゆっくり目を開けましょう。

目醒めのワーク③センタリング

あちこちに散らばったエネルギーを呼び戻す

センタリングを行うのは、「意識の中心」に丁寧に戻ってくるためです。眠りから目醒め、いつも本来の自分で生きるには、中心以外の場所に散らばったエネルギーを帰還させることも大切です。

僕たちは無意識のうちに、過去、つまりいまこの瞬間とは時間も空間も違うどこかのパラレルに、エネルギーの一部を置いてきてしまうことがあります。たとえば、後悔や執着や心の傷。誰かにいわれた言葉。さまざまな要素によって、それは起こります。

センタリングは、自分の中心に立ち、「いまこの瞬間」以外に置いてきたエネルギーを、いまの自分へ戻すワークです。

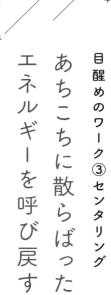

不必要な情報を洗い流す

センタリングは、二つのプロセスで行います。まず、あなたのエネルギーが戻ってくる場所を整えます。それから、あなたのエネルギーを呼び戻します。

あなたのエネルギーが戻ってくるのは、松果体《しょうかたい》（脳の真ん中にある部位）にある「クリスタルの部屋」です（165ページの絵参照）。ワーク中、あなたはこの部屋の真ん中に立って、松果体の中の自分になっていてください。

あなたも僕も、お母さんのお腹にいたときから今日までに、いろんな人の言葉を聞いたり、ニュースに触れたりしてきました。クリスタルの部屋には、それらの情報の一部が、不必要なのにたまったままになっています。そうした情報は、本来のあなたの声を聞く妨げになります。

センタリングでは、まず松果体をピカピカの状態に整えてから、そこにあなたのエネルギーを戻します。

クリスタルの部屋の真上には、内なる宇宙があり、そこからキラキラ美しい白い光のシャワーが降り注いでいます。あなたはクリスタルの部屋に降り注ぐ光のシャワーを、クリスタルの部屋の中で浴びています。宇宙の光のシャワーが、あなたのクリスタルの部屋にこびりついている、不要な情報をサーッと洗い落としていきます。

部屋の壁からはがれ落ちた不要な情報の破片は、地球に流して、地球の自浄作用によって浄化してもらいます。

ここで再び、先ほどグラウンディングのワークで使った「グラウンディングコード」を用います（グラウンディングコードを用いるため、センタリングは、グラウンディングの後に続けて行うのがおすすめです）。光のシャワーは、クリスタルの部屋がキラキラまぶしい状態になるまで、流し続けてください。

・・・松果体の密度と明るさが増す

さて、クリスタルの部屋がピカピカになったら、いよいよ別パラレルに置き去りになっていたあなたの一部を呼び戻します。**呼び戻すと、あなたのエネルギーは再び密度を回復します。クリスタルの部屋は、帰還したエネルギーによって、ますます明るく光ります。**

散らばっていたあなたが戻ってくると、意識の中心から、いっそうズレにくくなります。自分に集中し、本来のあなたの魂が望んでいるまっすぐな目醒めのスタンスに立ちやすくなります。

WORK

3

センタリング

① 松果体に入る

目を閉じて、
宇宙空間の真下に立ちます
（134〜135ページ参照）。

足の裏の「グラウンディングコード」で
地球とつながっている状態です。

松果体のクリスタルの部屋に入ると、
宇宙から光のシャワーが降り注いできます。
光のシャワーで古い情報が洗い流され、
部屋の中がピカピカになっていきます。

② 自分に呼びかける

松果体の中のクリスタルの部屋が
キラキラまぶしい状態になったら、
さまざまなパラレルに散らばっている
たくさんの自分に向かって、
「戻っておいで！」と呼びかけます。

③ 自分の一部たちが戻ってくる

360度あらゆる方向から、
たくさんの自分が
光の状態でキューンと戻ってくるので、
自分の中に受け入れてあげてください。
松果体がますます明るくなります。
深呼吸してリラックスすると、
自分の中心に
より深く立っている状態になります。

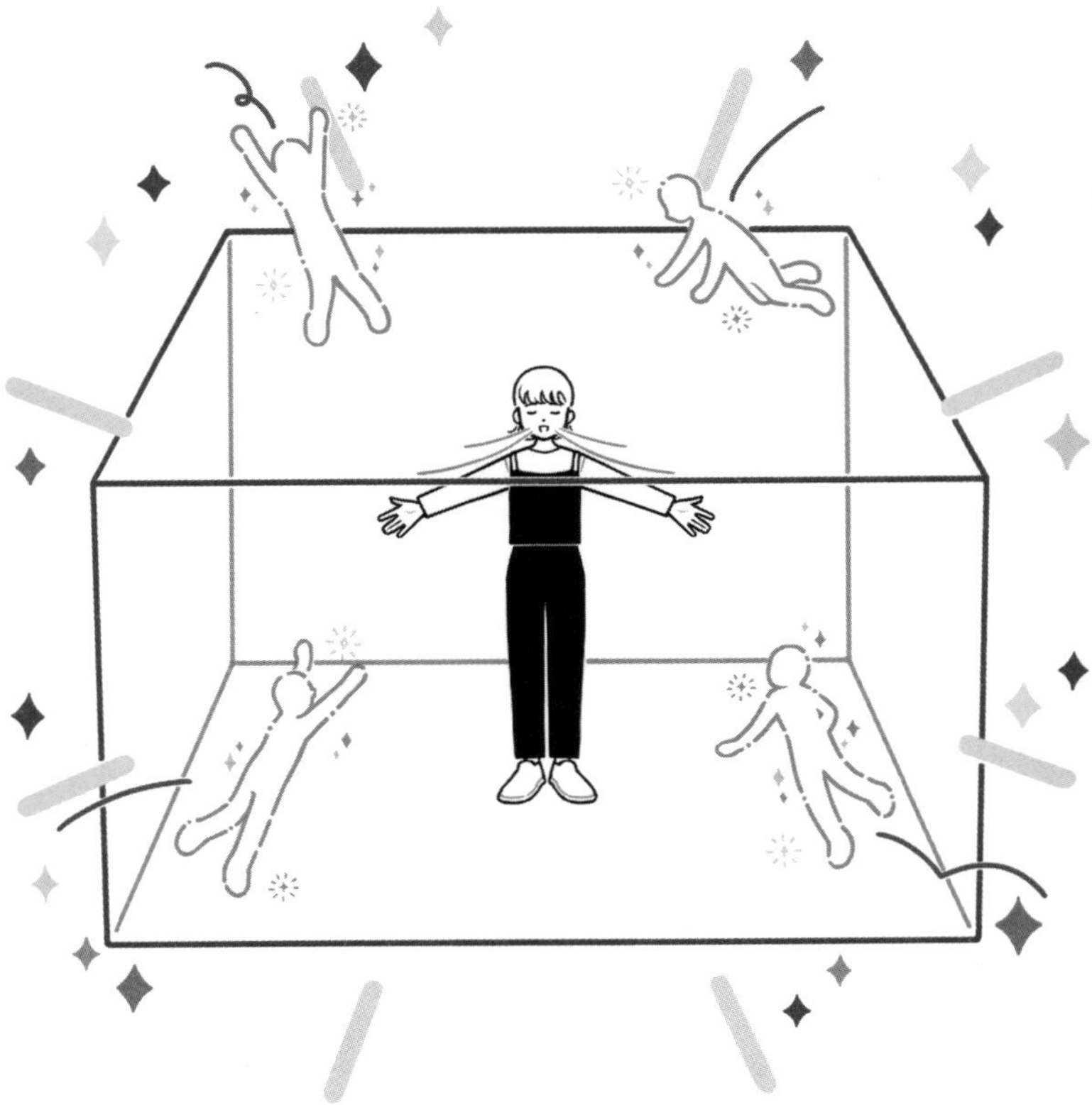

目醒めのワーク④宇宙瞑想

宇宙を振動と感覚で捉える瞑想

本当にすごいものを目の当たりにしたとき、「言葉にならない」といったりしますすよね。そういう言葉にできないものって、じつはたくさんあります。たとえば、海の美しさを完璧に言葉で表現するのは難しいですよね。「太陽の光が波に反射してキラキラと輝いている」「さまざまなブルーの濃淡が混ざり合っている」とか……。いろいろ考えてみても、どの表現も、言葉が全然足りていないように思います。

あなたの「内なる宇宙」も、言葉を超越したものの一つ。言葉で

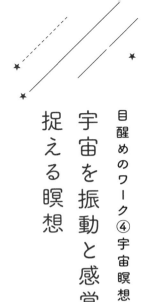

すべてを表現するのは不可能です。

そんなふうに言葉にならないものは、敢えて言葉に置き換えようとするより、「感覚」を大事にするほうがいいときもあります。

ここでご紹介する「宇宙と共鳴する瞑想」は、**内なる宇宙を、言葉ではなく振動と感覚で捉え、さらにその振動と共鳴する**方法です。

こうして自分の感覚を通して、内なる宇宙を捉えられるようになることは、あなたの目醒めの大きなサポートになります。宇宙を振動で捉え、あなたの内なる宇宙の周波数を、少しでも実感してみてください。

このワークを繰り返していくと、あなたの中にある内なる宇宙の感覚が、頭の中の言葉での理解とは違う形で、じんわりとあなたの中に芽生え始めます。

●●● 宇宙の振動がパワフルな光になって届く

「あうんの呼吸」という表現がありますよね。なにも言葉を交わさずとも、息がぴったり合っている様子を示す言葉。じつは、内なる宇宙の振動を地球上の音で表したのが「あうん」です。

僕はよく宇宙の音を聞きます。その音は、無数の音色が含まれていて、まるでパイプオルガンの音色のようにも聞こえるんだけど、僕たちがふだん使っている五十音で表すと、本当に「あうん」って聞こえます。

この瞑想では、「あうん」という音を使って、宇宙の振動を感じ取り、共鳴します。立っていても、床や椅子に座っていても結構です。座って行う場合は、手のひらを上に向けて、膝の上に置いておきましょう。

まず背筋を軽く伸ばし、富士山の裾野のように、おへそから下に内なる宇宙をイメージしてください（179ページの絵参照）。

目を閉じて、「あ〜う〜ん〜」と繰り返し声に出して唱えます。高速で何回もいうのではなく、息を一回吐き終わるまでに、一回の「あうん」を唱えます。そしてまた息を吸って、吐き終わるまでにゆっくり一回の「あうん」。

唱えながら、「あうん」の振動が、おへその下に広がる宇宙の遠くに広がっていくのを、丁寧にイメージするのがコツです。

音の振動は光の波紋になって、内なる宇宙の遥か彼方、目では見えないくらい遠くまで、気持ちよ〜く広がっていきます。数分（5〜10分）ほどたったら、「あうん」をストップします。

すると、**まるで鏡に光が反射するように、あなたが送り出した**

「あうん」の振動の波紋が、宇宙の向こうから何万倍、何億倍にもなって自分に返ってきます。この跳ね返ってきたエネルギーが、あなたの内なる宇宙の振動です。めいっぱい受け取りましょう。

宇宙の振動に、全身がジーンと染まっていく心地よさを味わって、じゅうぶん満たされたと感じてから、ゆっくり目を開けます。

慣れてくると、すごく深い宇宙の感覚を得られますよ。

・・・ワークを朝ごはんの前の習慣に

ここまでご紹介した四つのワークは、ピンとくるもの、そのときあなたがやってみたいと思ったものから試すので結構です。もしもすべてをやる場合は、左の順番でやってみてください。

特に朝と夜に行うのがおすすめで、朝は、ごはんを食べる前がより望ましいです。

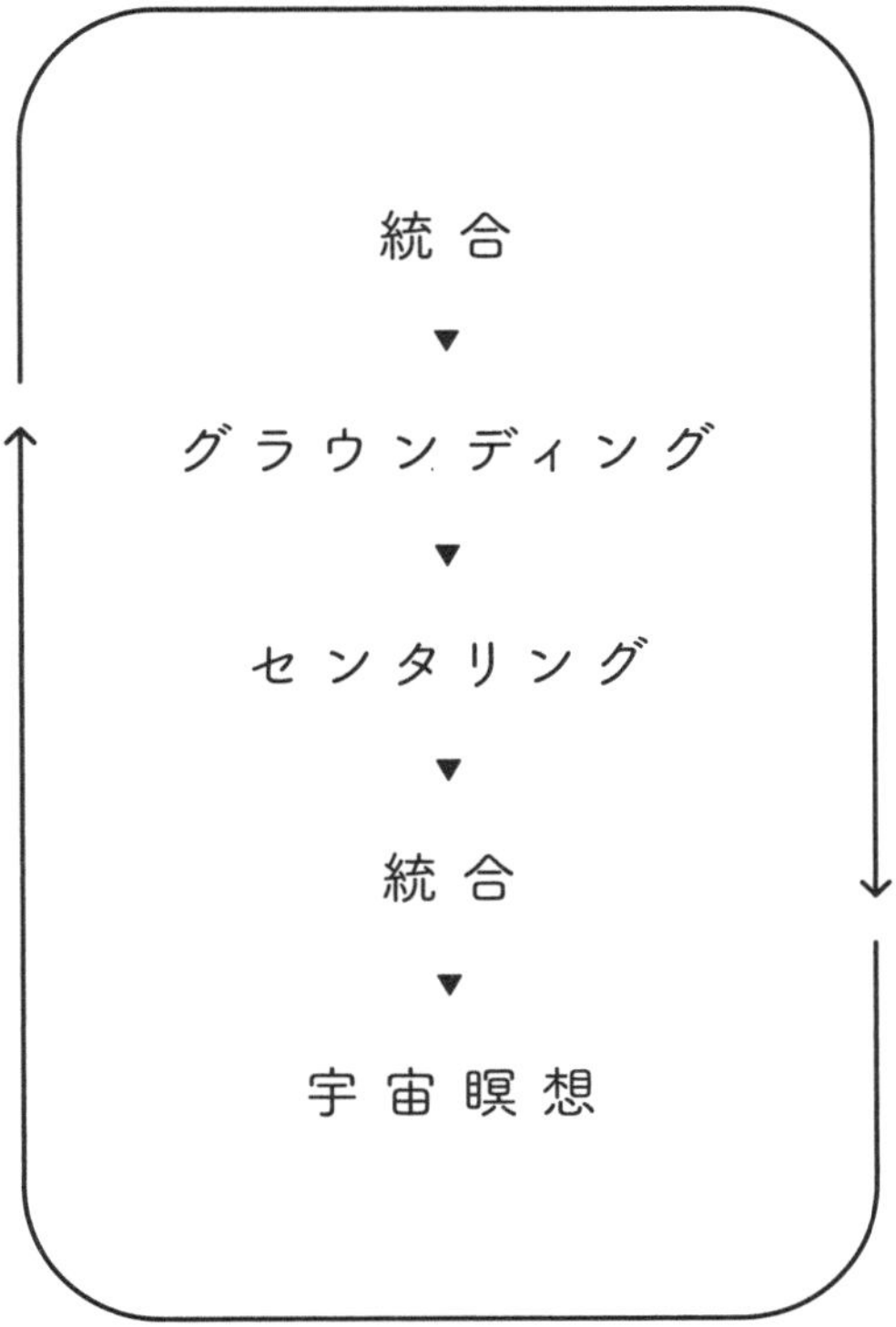

繰り返しになりますが、ワークの中で圧倒的に目醒めに大切なのは、一つ目に紹介した統合です。一日を通して、心地よくない周波数が浮上するたびに、丁寧に統合してみてくださいね。

WORK

4

宇宙瞑想

1 あうんとは

内なる宇宙の振動を
地球上の音で表現したものが「あうん」です。

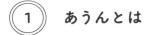

あう〜〜〜ん

② 内なる宇宙をイメージする

富士山の裾野のように、
おへその下に内なる宇宙をイメージします。
立っていても、
床や椅子に座っていても大丈夫です。

③ 宇宙の振動を捉える

目をつぶり、姿勢を軽く伸ばして、
「あ〜う〜ん〜」と5〜10分唱えます。
あうんの振動が光の波紋になって広がり、
宇宙意識の隅々まで広がっていきます。

あうんを唱え終わると、
宇宙から何万倍、何億倍もの
振動が返ってきます。

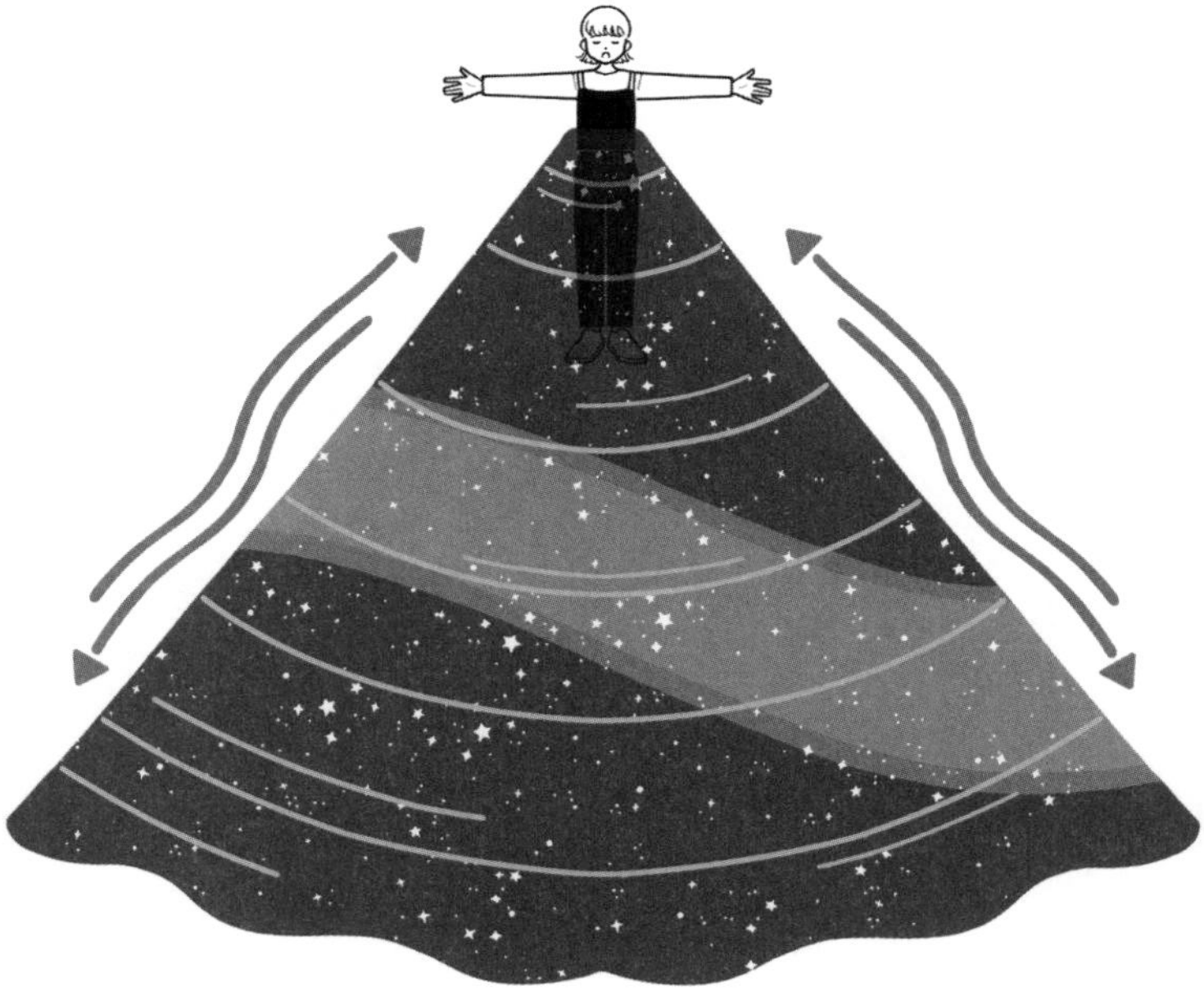

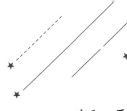

チャネリング①ワンネスチャネリング

新時代のチャネリング

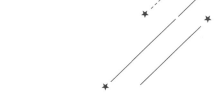

チャネリングというと、たとえば天使が自分の周りを飛んでいて、「ねえ天使、なにか教えて」というふうに他人と話すような、自分の外側にいる、目に見えない存在とつながっていくこと。そんなチャネリングのイメージが、一般的だったと思います。

しかし、目醒めが本格化し、人類の意識が変容しているいま、チャネリングも新しい形に切り替わっています。

いま僕たちは、自分は宇宙そのもので、宇宙は私の中にあると思い出していくプロセスにあります。**これからのチャネリングとは「内なる宇宙という、自分の内側にいる存在の言葉を聞くこと」**。

そのためのワークとして僕がお伝えするのが、「ワンネスチャネリング」です。

・・・あなたには、神性も天使性もある

ワンネスとは、「一つ」という意味。内なる宇宙を通して、あなたがすべてと一つであるということを前提にチャネリングするということです。

目醒めの時代のチャネリングは、自分の外側にいる存在と交信することではありません。宇宙人も神さまも天使もマスターも……仲間たちはみ〜んな、星がきらめく夜空の遥か向こうの存在ではなくて、すでに自分の内側の無限の宇宙にいます。

あなたの中にも僕の中にも、すべての宇宙の仲間たちがいます。

いい換えれば、あなたは、彼らの性質をすでに持っているということ。僕はそれを「神性」「天使性」「マスター性」などというふうに呼んでいます。

あなたの内側にあるそれらの性質は、本来はいつでもダウンロードでき、この地球であなたらしく自由に使えるものなんです。

宇宙の仲間たちは、あなたの中にいます。

彼らは外の存在ではなく、あなたの宇宙の一部。

この視点に立てば、「チャネリング＝自分との対話」だというイメージがしっくりきます。

チャネリングとは、頭と体と心よりももっと広大な「宇宙そのものの自分」との対話です。**チャネリングで受け取った情報を、外側からの、他人からのメッセージだと捉えていたら他人軸なんです。**

本当のチャネリングは「自分軸」の自己対話。こういうスタンスで行うのが、ワンネスチャネリングです。

●●● 大きな風船のような宇宙をイメージする

ところで、ここまででご紹介したワークでは、内なる宇宙を頭上にイメージしたり、おへその下に広げたりしてきましたよね。ワンネスチャネリングでは、あなたのハートから上に広がる、ゴールドに光る「宇宙風船」の形でイメージします（189ページの絵参照）。

宇宙意識はとっても大きな意識なので、風船はとびきり大きく、イメージしてください。

なお、細かいことですが、ハートとは、心ではありません。心は喜怒哀楽などの感情を感じるところ。ハートは宇宙意識とつながっているところで、感情でなく宇宙意識からのサインを受け取ります。まったく役割が違うので、知識として、頭の片隅に入れておいてくださいね。

・・・心地いい光の波紋がメッセージ

宇宙風船には、心地よいエネルギーが満たされています。宇宙風船を眺めて深呼吸すると、あなたにとっていま最も必要なメッセージ、無限の情報が、心地のいい光の波紋のようになって、宇宙風船からハートへと集まってきます。

あなたはただハートにフォーカスを当てて、宇宙風船から集まってくる光のエネルギーを感じていてください。

心地よさをじゅうぶんに体感したら、今度は「このエネルギーは私になんて伝えてきているかな?」と想像してみます。「いまは体を大切に、といっているな」「もっと行動力を大切に、といっているな」など、まずはなんとなくでも大丈夫。**そのメッセージがしっくりきたなら、ぜひ行動にしてみましょう。リアルに行動にすることで、あなたのチャネリングの感性はますます開きます。**

もし特定の質問があるなら、宇宙風船にその質問を投げかけてから、宇宙風船からハートに集まってきた光のエネルギーを感じます。

宇宙風船の中にいる特定の仲間に呼びかけてもかまいません。ただ、宇宙意識の全体とつながりさえすれば、宇宙意識がいまのあなたに必要な情報を選び取り、あなたに伝えてくれます。だから、敢えてこちらから相手を指定する必要性はあまりありません。

もし誰かに呼びかけて、呼んだ相手が出てきてくれた場合は、丁寧に感謝を伝えてください。

WORK

5

ワンネスチャネリング

① 宇宙風船をイメージする

自分のハートから、
ゴールドの光でできた「宇宙風船」が
大きく広がっています。
この宇宙風船が、内なる宇宙です。

② 宇宙意識の全体とお話しする

宇宙風船を眺めて深呼吸すると、
光の波紋のように
宇宙風船からあなたのハートへ、
無限の情報が集まります。
ハートにフォーカスを当て、
心地のよい光のエネルギーを
感じてみてください。

心地よさをじゅうぶんに感じたら、
「このエネルギーは私になんて伝えている？」
と想像して、感じたことにしっくりきたなら
ぜひ行動を起こしましょう。

③ 特定の存在とお話しする

「内なる〇〇、来てください」

と宇宙風船に呼びかけます。

その存在を宇宙風船の中で

イメージできたら

来てくれたことに感謝を伝え、

質問があればしてください

（姿でなく、光の球で現れることもあります）。

宇宙風船からの光のエネルギーを

②と同様にハートで感じます。

光のエネルギーは、

その存在からのメッセージです。

最後にもう一度、感謝を伝えましょう。

チャネリング②植物・動物とのチャネリング

言葉がなくても植物や動物と話せる

庭の草木や、ペットなどの動物、あるいはまだ言葉をしゃべれない赤ちゃん……そんな存在とお話しできたならと思うことはありませんか？

あなたの宇宙意識を使って、彼らとコンタクトすることができます。肉眼では相手を見つめながら、たとえば「なにかしてほしいことはない？」などと質問します（お腹の中にいる赤ちゃんにチャネリングする際は、お腹を見つめればＯＫ）。

目は植物や動物や赤ちゃんに向けつつ、意識は宇宙意識かハートにフォーカスを当てるのがコツです。その状態で、自分の内側に耳を澄ますと、どんな言葉や感覚が浮かんでくるでしょうか。

彼らとあなたは、内なる宇宙意識を介してつながっています。
彼らの宇宙意識と、あなたの宇宙意識が、直接お話をして、その内容があなたにエネルギーで届くイメージです。

・・・天使とお花の共同創造

こういうこともあります。たとえば、職場のお花に、毎日「おはよう」と声をかけ、お水をあげているとします。それを知っているあなたの内なる宇宙の仲間たちが、そのお花を通じて、あなたにメッセージを送ってくることがあるんです。

あなたの内なる天使が、あなたになにか伝えたいことがあって、お花に「エネルギーを一時的に共存させてね」と共同創造を持ちかける。するとお花はあなたに、天使のメッセージを届けます。

WORK 6

植物・動物とのチャネリング

お互いの宇宙を介する

目線はお相手に向けつつ
あなたは宇宙意識、もしくはハートに
フォーカスします。

このとき、ハートで感じたことが
お相手からのメッセージです。

チャネリング③ものとのチャネリング

ものエネルギーを読んで買い物上手に

僕たちは、さまざまなものを使い、ものと共鳴しています。もののエネルギーを読みたいときにも宇宙意識が活躍します。

動植物とのチャネリング同様、肉眼はものを見つめ、宇宙意識かハートにフォーカス。そして、手のひらに光の球（チャクラ）があると思って、ものに触れるのがポイントです。

たとえば買い物のとき、商品に触れながら宇宙意識やハートにフォーカスすると、商品がふわっと光ったり、逆に曇ったり、あるいは明るい／暗い、軽い／重い、などのエネルギーを捉えたりします。明るさや軽さを受け取れたなら、僕は「買う」と行動します。

また、それを使っている未来の自分を想像して、明るい未来を感じられるかを基準に、買うか否かを決めることもあります。通販など商品に直接触れられないときは、こちらの方法が便利です。

・・・どんなものを選ぶかで、未来が変わる

僕がまだ眠りまくって生きていたとき、借金まみれで無職という切羽詰まった状態を経験しました。そのとき奥さんが、当時の僕にとってはとても高価なお財布をくれたんです。お財布に触れたときのあまりの明るさ、ワクワク感に驚いたのはいまも忘れません。「これを使っているこれからの僕は、借金を抱えて落ち込んだりしないし、自分の輝きを信じている」と、自分の新しい生き方が見えた。

高価なものをすすめているのではありませんが、前向きな未来、キラキラの自分を想起させるものとともに過ごせるかどうかは、その先の自分の生き方に、深く関わってくるということです。

WORK

7

ものとのチャネリング

自分の宇宙を介する

「手のひらの光の球（チャクラ）を使います」
と意図してからものに触れ、
目線はものに向けつつ、
あなたは宇宙意識、もしくはハートに
フォーカスします。

手のひらやハートに伝わるエネルギーの
明るさ／暗さ、軽さ／重さを感じ取ります。

神さまが愛にあふれていても
天使の波動が高くても
代わりにあなたの人生を
生きることはできません

あなたを生きること
それをできるのは
宇宙でたった一人
あなたしかいないのです

神さまにもできない
天使でもなれない
「私」という偉大な存在を
あなたはすでに実現しています